第4回 シンポジウム
「多様な人の学びの保障」

2018年10月20日（土）明治学院大学白金キャンパス

第1報告　関本 保孝氏

第2報告　原 千代子氏

パネル・ディスカッション
長谷部 美佳氏　伊東 クリスナ氏　原 千代子氏　関本 保孝氏

永野 茂洋　　　　　高桑 光徳　　　　　浅川 達人

会場風景

登壇者を囲んで

明治学院大学
教養教育センター ブックレット 4

多様な人の学びの保障
「内なる国際化」に対応した人材の育成

明治学院大学「『内なる国際化』に対応した人材の育成」プロジェクト 編

かんよう出版

はじめに

　明治学院大学の「『内なる国際化』に対応した人材の育成」プロジェクト、通称「内なる国際化プロジェクト」は、本学の社会学部と教養教育センターが明治学院大学から教学改革支援助成を受けて、2015年度に活動を開始した事業です。3年間の活動を経て、2018年度からはさらに2年間の助成の継続が決まり、二つの部署だけでなく全学的な取組を目指す「学長プロジェクト」として、あらためてスタートを切ることになりました。

　日本の社会が「内なる国際化」に成熟していくことは、単に外国にルーツを持つ人たちが少しでもより住みやすく、また、より暮らしやすい地域コミュニティーをつくっていくという、「ヨコ」の多文化共生社会の形成だけでなく、多様な文化ルーツを持ったさまざまな高齢者や、子どもたちや、大人たちが、世代を超えて「タテ」の多文化共生、あるいは「ナナメ」の多文化共生社会を形成していくということでもあります。

　しかし、日本の「内なる国際化」は、そのはるか手前にあって、さまざまな「壁」や「生きにくさ」の問題に直面しており、その多くを「現場」で取り組まれている方々の負担で何とか支えているというのが現状です。問題が一向に改善されないうちに、さらに2019年4月からは、新しい入管法の施行によって、5年間で34万5,150人の外国からの「労働者」を、日本社会は「親しい隣人」として（人は「労働者」である前に「人間」でもあるのですから）、受け入れていくことになりました。「『内なる国際化』に対応した人材の育成」を、わたしたちはますます広範に展開していかなければなりません。

　この『教養教育センターブックレット4』には、2018年度のわたしたちの活動、特に2018年10月に開催された、「多様な人の学びの保障・日本に生きるすべての人のための学習権を考える—誰もが学ぶための機会の保障—」というテーマの「第4回シンポジウム」の記録がまとめられています。義務教育を受けないまま学齢期を超えてしまったり、教育を受ける機会に恵まれなかった、あるいは奪われてしまった、「多様な」背景を持つ人の「誰も」が、「すべての人」が、日本において、「学ぶ権利と機会を保障されなければならない」というわたしたちの主張が、ここには込められています。

明治学院大学は、「一般財団法人柳井正財団」、「社会福祉法人さぽうと２１」との間で協定を結び、2018年度からは３者が協力して「内なる国際化」に取り組むという、他に類例のない新しい社会連携のかたちがスタートしました。しかし、「学長プロジェクト」の体制も、私たちの主張も、このような新しい社会連携活動の工夫も、日本の現状のなかではまだまだかぼそい、小さな声に過ぎません。

　「内なる国際化」という名称は、わたしたちのプロジェクトの専売特許ではありません。この名称を他の大学でも、自治体でも、NPOでも、企業でも、自由に使っていただき、国内のそれぞれの地域と、そして、その地域での活動が相互に結ばれて、「誰一人置き去りにしない」教育環境のためのネットワークが全国にできればと望んでいます。『教養教育センターブックレット４』がそのための一助となるならば望外の喜びです。

永野茂洋

目　次

はじめに …………………………………………………… 永野茂洋　*3*

第1部　プロジェクト報告

第1章　2018年度の活動報告 …………………………………… 浅川達人　*9*

第2章　「内なる国際化」プロジェクト
　　　　　―外国につながる「大人」の学びを考える理由‥長谷部美佳　*19*

第2部　シンポジウム報告

第3章　夜間中学と外国につながる生徒について …………… 関本保孝　*27*

第4章　ふれあい館識字学級
　　　　　―大人の学びの場から多文化家族支援―………… 原千代子　*37*

第5章　トークセッション「夜間中学について」
　　　　　……………………………… 伊東クリスナ・長谷部美佳　*47*

第6章　パネルディスカッション「多様な人の学びの保障」
　　　　　（パネリスト）関本保孝・原千代子・伊東クリスナ
　　　　　（進行）長谷部美佳 …………………………………………　*55*

第3部　学びの場を求めて

第7章　故国からの脱出、キャンプでの舞踊との出会い、日本での学び
　　　　　：伊東クリスナさんとの対話 …‥長谷部美佳・野沢慎司（編集）　*77*

あとがき ……………………………………………………… 野沢慎司　*91*

第 1 部

プロジェクト報告

第1章　2018年度の活動報告

浅川達人

　2018年度には、「研究活動」「啓発・教育活動」「教育プログラム整備」「支援実践活動」「広報活動」の5分野にわたる活動を行い、また、本プロジェクトを学長プロジェクトとして他学部他学科へも拡充するための活動を行った。以下、それぞれについて活動報告を行う。

1　研究活動

　本年度は第8回目の研究会を、社会学部付属研究所の特進プロジェクトとの共催で2018年12月21日に開催した。講師には、さぽうと21の矢崎理恵氏をお招きして「外国ルーツの子どもたちを支える学習支援と日本語教育の未来」というタイトルで報告いただき、参加者と活発な意見交換を行った。

2　啓発・教育活動（シンポジウム）

　啓蒙・教育活動としては、2018年7月13日に、教養教育センター付属研究所主催、本プロジェクト共催のイベント「『60万回のトライ』から考える多文化共生―上映会と監督との対話」を開催した。

　また第4回シンポジウムを2018年10月20日に開催した。「多様な人の学びの保障」というタイトルで、関本保孝氏（元夜間中学教員・えんぴつの会及びピナット学習支援ボランティア・基礎教育保障学会）より「夜間中学と外国につながる生徒について」を、原千代子氏（社会福祉法人青丘社事務局次長 多文化事業推進担当）より「ふれあい館での識字教室の取り組みについて」を報告いただいた。また、トークセッションとして、伊東クリスナ氏（夜間中学卒業生）より「夜間中学について」ご自身の経験を中心にお話しいただいた。

　2018年10月28日には、文化庁委託事業の一環として、社会福祉法人さぽうと21が主催し、本プロジェクトが共催する「理解を深める講座」を開催し

た。「日本につながった私たちの今〜10代20代を駆け抜けて〜」をタイトルとして、温又柔氏（小説家）、高部心成氏（フォトグラファー）、谷川ハウ氏（映像制作会社マネージャー）、宮ヶ迫ナンシー理沙氏（会社員—世界の音楽を日本に紹介—）の4名の登壇者による「発信」と「座談会」を行った。

3　教育プログラム整備

2018年度の開講科目は表1の通りであった。

多文化共生サポーターの認証に必要な単位の修得に加えて、「ボランティア実践指導」の単位を修得した場合、社会学部および教養教育センターから「多文化共生ファシリテーター」として認証されるという履修制度は、2017年度より開始した。

春学期に「ボランティア実践指導」を受講した学生が、夏休み期間に実施される集中学習支援教室（後述する）にボランティアとして参加することによっ

表1　2018年度の開講科目

科目名	科目の位置付け
1) 多文化共生入門1：内なる国際化としての多文化共生①	明学共通科目
2) 多文化共生入門2：内なる国際化としての多文化共生②	明学共通科目
3) 多文化共生各論3： 多文化共生社会におけるコミュニケーションと〈やさしい日本語〉	明学共通科目
4) グローバル社会と市民活動入門1： グローバル社会から考える内なる国際化①	明学共通科目
5) グローバル社会と市民活動入門2： グローバル社会から考える内なる国際化②	明学共通科目
6) 現代世界と人間4：多文化社会と言語教育に関する科目①	明学共通科目
7) 現代世界と人間8：多文化社会と言語教育に関する科目②	明学共通科目
8) ボランティア学7：「共生社会」再考：実践者との対話	明学共通科目
9) ボランティア学8：「共生社会」再考：アプローチを探る演習	明学共通科目
10) 内なる国際化論A：内なる国際化論 　　—人の移動の実態とメカニズム	社会学部科目
11) 内なる国際化論B：内なる国際化論 　　—日本およびアジア諸国の比較研究	社会学部科目
12) 内なる国際化論A：難民とグローバル社会	社会学部科目
13) 内なる国際化論B：人間から学ぶ平和	社会学部科目
14) ボランティア実践指導	社会学部科目

て支援活動を実践し、その振り返りを秋学期の「ボランティア実践指導」の受講を通して行うのである。多文化共生サポーターの認証に必要な科目という教室での学びに加えて、「ボランティア実践指導」での学びを集中学習支援教室での支援活動において実践するという学習経験を修めた学生を、「多文化共生ファシリテーター」として認証することとした。

2017年度に多文化共生サポーター・多文化共生ファシリテーターについての初めての認証を行い、2018年4月10日に認定証授与式を行った。社会学科と社会福祉学科に所属する3・4年生で4名がファシリテーターとして、1名がサポーターとして認証された。

4　支援実践活動：夏期集中学習支援・春期集中学習支援

さぽうと21との共催で、集中学習支援教室を開催した。第4回は、2018年3月26日から4月4日まで開催し、第5回を2018年7月27日から8月15日まで開催した。また、2019年3月26日から4月4日まで、第6回となる集中学習支援教室を開催する予定である。

5　広報活動

5.1　特設WEBサイトの運営

2015年に開設した本プロジェクトの特設WEBサイト[1]を、本年度も運営した。本年度は特に、サイト内の「イベント情報」ページにおいて、本学の他学部をはじめ、他大学・他機関が主催している「内なる国際化」に関連するイベント情報についても積極的に掲載し、広報活動に努めた。本年度は17件のイベント情報を掲載した。

5.2　メディアからの取材

2018年度も引き続き、メディアから取材を受けた。「読売教育ネットワーク」WEBサイトの「大学での取り組み」というコーナーにおいて、柳井正財団寄付講座の開講が取り上げられた（2018年4月26日付）。

大学の情報や教育の現状などを取り上げる情報誌『大學新聞』において、内なる国際化プロジェクトが「多文化共生ファシリテーター／サポーター」を初

めて認証したことが紹介された（2018年5月10日付）。またこの件については、2018年7月31日付の『神奈川新聞』においても紹介された。

2018年12月2日付の『カトリック新聞』において、本プロジェクト横浜事務局の高桑光徳教授の基調講演の様子が詳しく紹介された。

6　他学部・他学科へ拡充するための活動

2018年度は3回の運営委員会を開催して、本プロジェクトを他学部他学科へも拡充することを試みた。6月26日に開催された第1回運営委員会では、教養教育センターと社会学部がこれまで取り組んできた活動成果について、文学部長、心理学部長、国際学部長を含む運営委員に報告され、2018年度の事業計画の説明が行われた。第2回運営委員会は10月23日に開催され、文学部、心理学部、国際学部において、多文化共生ファシリテーター／サポーターの認証作業を行う可能性について検討された。

2019年1月15日に行われた第3回運営委員会において、社会学部、文学部、心理学部、国際学部における2019年度の多文化共生ファシリテーター／サポーター認証科目案が検討された。2019年4月より、新たに文学部、心理学部、国際学部でも認証制度をスタートさせることを再度確認し、学生への広報の方法などについて情報を共有した。

［注］
1)　http://internal-i18n-meijigakuin.org/

明治学院大で初の柳井正財団寄付講座始まる

　明治学院大学は、一般財団法人柳井正財団寄付講座として社会学部で「内なる国際化論」（春学期2科目、秋学期2科目）「ボランティア実践指導」（通年1科目／2クラス）を開講した。同財団による大学への寄付講座提供は初めて。これまで同大学は、社会福祉法人「さぽうと21」が主催する、難民など外国にルーツをもつ小・中学生の日本語力・学力を向上させる集中学習支援教室を学内で開いてきた。春休みや夏休みに開かれている同教室についても、一般財団法人柳井正財団が助成している。

田中講師の話を聴く履修学生ら

　同大では、外国にルーツを持つ人が国内に増加する中、文化、宗教、民族といった従来の枠組みを超え多様な価値観を共有できる学生の育成を目指し、2015年度からこうした活動を「内なる国際化」プロジェクトとして取り組んできた。寄付講座の提供に先立ち、2018年3月28日、株式会社ファーストリテイリング六本木オフィス（東京都港区）で柳井正財団の柳井正理事長と同大の松原康雄学長との間で協定締結を行った。

　寄付講座「内なる国際化論」は、多民族・多文化化する日本社会、グローバリゼーションと人の移動がもたらす社会現象、難民とグローバル社会、人間の行動から学ぶ平和等がテーマ。集中学習支援教室で5日間の実習を行う「ボランティア実践指導」では、実習に必要な知識や姿勢を身につける。

　「ボランティア実践指導」の授業は「さぽうと21」学習支援室の田中美穂子アシスタントコーディネーターが講師として行っている。履修している学生たちは、7月末から8月に同大で開く集中学習支援教室にボランティアとして参加する。それまでに日本にいる外国人についての基礎知識を学んだり、ボランティア後にはその活動を振り返ったりする。

　4月18日の3時限目の授業では、田中講師が日本にいる在留外国人の数や出身国のランキングなどについてクイズを交えて講義。2008年のリーマンショック以降、ブラジル人が減ってきており、最近は技能実習資格で来日するベトナム人や留学で訪れるネパール人が増えていることなどを説明した。履修者の一人、社会福祉学科3年の豊島奈々さん（20）は「将来、スクールソーシャルワーカーとして働きたいのでこの授業を履修した。実際の現場でどう支援していけば良いのか学びたい」と意欲を語った。

　これら寄付講座科目を含む指定科目群から一定の単位を修得した学生には、「多文化共生ファシリテーター」などの認証を行い、今春、初の認定証を5人の学生が手にした。

　同大学では今春から、UNHCR難民高等教育プログラムによる入学者受け入れも始まった。野沢慎司副学長は「ボランティアや内なる国際化について関心を持つ学生たちに向けて、この講座や認証制度をさらに広めていきたい」と話している。

（2018年4月26日 14:40）

2018年4月26日付「読売教育ネットワーク」WEBサイト

日本の国際化に貢献する共生社会の担い手を育成

明治学院大学

明治学院大学（東京都港区）は、2017年度の多文化共生ラーニングコミュニティ認証者として、同学部社会学科・入谷萌さん、中桐美奈さん、同社会福祉学科・本間優季さん、田中恭来さんの4人を認定した。多文化共生サポーター・皿谷和佳さんも認証した。

同大では15年度より、学部と教養教育センターが共同で、グローバル化を推進する「内なる国際化」プロジェクトの一環として、文化や宗教・民族など従来の枠組みを超えた多文化共生プログラム「多文化共生ラーニングコミュニティおよびボランティア」プロジェクトの一つとして、多様な価値観の理解と共に、外国につながる人たちを包摂し共生社会の担い手を目指すもの。今回の認証が初めて。同大では4月10日に対し認証授与式を開催した。

認証授与式には、認証者3人が出席。授与式では、北川清一社会学部長と黒川貞生教養教育センター長から認定証が渡された。松原康雄学部長やプロジェクトに関わる教員たちから祝福の言葉が送られた。「この学びを社会に還元して欲しい」と激励の言葉を伝えた。また、認定を受けた学生は「就職活動において活用している」と語った。

多文化共生ラーニングコミュニティの認証を受けるには、あらかじめ定められた科目群から12単位以上の修得、「ボランティア実践指導」の単位を修得する必要がある。

共生社会に多文化共生から人権問題などに対して鋭い洞察力を持つことも求められる。

育てる明治学院大。今後も多文化共生ラーニングコミュニティとして活躍できるようにサポートをしていくという。

認証を授与された学生たちと祝福する教員たちに関わる教員たち

2018年5月10日付 大學新聞

共生社会の担い手へ
明治学院大

外国につながりを持つ多くの市民が国内で生活する中、多様な価値観を育成しようと、明治学院大が「内なる国際化」と題した独自のプロジェクトを進めている。難民問題やった専門性の高い授業を履修した学生を、共生社会の担い手となる「多文化共生ファシリテーター」「同サポーター」に認証し、日本社会のグローバル化に貢献しようという取り組みだ。

プロジェクトは同大社会学部と教養教育センターの連携で2015年度にスタート。日本国内の国際化や移民・難民問題、共生社会などについて学べる授業を横浜・白金の両キャンパスで提供し、この春、所定の単位を取得した学生5人を「ファシリテーター」と「サポーター」に認定した。

認証を受けたのは社会学科と社会福祉学科に所属する3、4年生で、4人がファシリテーターに、1人がサポーターとなった。いずれも授業を通じ移民や人権問題への見

多文化共生ファシリテーターに認証された3人が出席した認証授与式＝4月（明治学院大提供）

識を深めたほか、ファシリテーターは難民など外国にルーツがある子どもたちの学習支援ボランティアを経験した。

「他者への貢献」を教育理念に掲げる同大は、多言語・多文化化する日本社会で「内なる国際化」に対応した人材の育成を一つの責務と考える。5人には「学んだことを生かし、行政、教育、福祉など幅広い現場で活躍してほしい」と期待している。

（服部 エレン）

2018年7月31日付 神奈川新聞

日本で生きづらい子どもをなくす
明治学院大が支援教室提供

明治学院大学で、難民ら外国にルーツがある子どもたちを対象にした学習支援教室が長期休暇中に行われている。今年の夏休みも20日間にわたり実施。子どもたちの学習意欲の向上のほか、安心できる居場所としての貴重な役割を担っている。　　　（服部　エレン）

「子どもたちの成長を見られるのがうれしい」と親身に学習をサポートする広瀬さん

「僕は漁法の種類について調べました」「それでは、日本の漁獲量についてクイズです」

8月下旬、同大白金キャンパス（東京）。小学生5人が机を並べ、社会科の学習に励んでいた。米作りや九州の地理など、各自が調べてきたことを発表する授業。子どもたちは少し照れくさそうに、メモで一杯になったノートに目を落としつつ調査の成果を披露した。

「漁獲量？」「それは巻き網漁という方法があります」「日本で一番取れるっていう意味だよ」。分かりやすく言い換えるのは二人の子どもの隣に座り、共に授業を受けたのは同大の学生ボランティア。この日は、小学3年から高校3年までの45人が参加。ミャンマーやシリア、アフガニスタン、コンゴ、ベトナムなどルーツは多様。日本生まれの子、来日したばかりの子。滞日歴もさまざまだ。

矢崎さんは「特に難民の子どもたちが抱える困難は見えづらい」と話す。「日本での生活に困難を覚える難民や定住外国人の自立を支援する社会福祉法人さぽうと21（東京）が運営を担う。週に1度、子どもから大人までの外国人らに学習ボランティアを提供しているが、日本語力の問題で「学校の授業についていけない子どもが少なくない」とコーディネーターの矢崎理恵さんは言う。子どもたちが安定した学習習慣を身に付けるため、集中的に学べる環境の必要性を長年感じてきた。

そこで、法人の活動を見学するなどで関係にあった同大に、学生の教室を使用できないか提案し、大学側は絡、子どもたちの交通費などの資金面は外部財団が助成する形で、2年前に長期休暇中の学習が実現した。以来、夏休みと春休みに継続して実施している。

日本語教師になって40年近くになる矢崎さんは「日常会話は4年の日本語正夫さんも参加。社会福祉学科4年の広瀬の野沢慎司准教授。学生ボランティア正夫さんが務める社会福祉学科4年の広瀬正夫さんは「日常会話と勉強の日本語では理解に差があり、学校の授業からも学んでいきたい」と話す。

「学生たちにとっても、日本の多文化の状況を実践的に学べる貴重な機会になっている」と話すのは同大の野沢慎司准教授。学生ボランティアをまとめる社会福祉学科4年の広瀬正夫さんは「日常会話と勉強の日本語では理解に差があり、学校の授業についていくのは大変だろうな、と肌で感じた。外国にルーツのある子どもたちの生きづらさについてこれからも考えていきたい」と語る。

矢崎さんは「高校に進むと支援がより薄くなる。子どもたちがこの先も日本社会で安定して暮らしが送れるよう、彼ら彼女らの困難に目を向け、必要なサポートのあり方について考えてほしい」と話している。

夏休み中に開かれた学習支援教室　＝明治学院大白金キャンパス

2018年10月30日付　神奈川新聞

2018年12月2日付
カトリック新聞

グローバルな人材とは?
キリスト教学校教育懇談会

キリスト教学校教育懇談会は、第16回講演会「グローバル社会におけるキリスト教学校の役割・多文化共生社会課題」を、11月17日、東京・渋谷区の青山学院大学で開催した。日本在住外国人が増え続けている現状に対し、キリスト教精神を教育理念とする「キリスト教学校」が忘れてはいけない視点について考え、その「立ち位置」を見つめ直す機会とした。

基調講演で明治学院大学の高桑光徳教授が「グローバル化した日本社会における多文化共生」というテーマで話した。日本社会における多文化共生とはどのような場面で大切になるのだろう。日本政府は労働人口不足を補うため外国人労働者を多く受け入れているが、外国人の多くは英語を母語としません。彼らはあくまで日本の職場で働くため英語力より日本語の習得(TOEIC等)が最重要視されている中で大学生にとってのグローバル人材の育成が英語・多文化対応できる人材の育成であるとするのは無理があるのではないか。『節英のすすめ』(木村護郎クリストフ著)で指摘されているように、英語依存を脱し国際化・多言語教育を進め、「持続可能な開発目標(ESD)」等を加味した教育を考えるべきではないか、と問うた。

続く「発題」では東京・足立区の足立インターナショナル・アカデミー(AIA)の中村友太郎塾長が「外国ルーツを持つ子どもたちへの学習支援活動」について紹介した。AIAは四つの運営母体による低額の私塾で公立の小・中学校に通う外国ルーツを持つ子どもたちの学習支援を行っている。学校支援を「居場所づくり」と捉え個別に取り組んでいる。中村塾長は「AIAのようなNPOを10年間続けて社会から出されたメッセージは、一人ひとりに寄り添うのは大変だけど実現可能だ、でも一人でできないから集団で取り組もう、ということでした。外国人労働者のの子どもたちが日本の普通の子どもたちと同じように学校に通い育っていくという当たり前のことをつくっていく取り組みが日本には必要だと思う」と語った。

シンポジウムでは、同会代表の上智大学の木村護郎クリストフ教授が指摘「日本人は『英語』の過剰な期待と憧憬があり、『英語さえできれば世界を知ることができる』と勘違いしている。オーストラリアに行って「世界の4分の3の人々を無視」しているのと同じです。「グローバル人材」を語るにあたって、まず①やさしい日本語、そして②できる限り相手の言語、③英語を使って国際コミュニケーションを図るべきだと最後に提言した。

脱英語依存

最後に上智大学の木村教授は、日本の「英語偏重」は異常と感じられる。日本の英語学習熱は期待する程過剰だ。英語話者は世界の4分の1に過ぎません。アメリカだけを見て「世界を知る」と思うのは、オーストラリアに行って「世界の4分の3の人々を無視」しているのと同じです。また高桑教授はグローバル化をめざすキリスト教学校は「世間一般と同じグローバル化」を目標とするのではなく、キリスト教学校が目指すべきグローバル化とは何か身近なことを探究理解するため現地語が不可欠だろう。そして日本で「外国ルーツを持つ子どもたちへ」日本語を学ぶキリスト教学校連合会が共同で運営している。

キリスト教学校教育懇談会はキリスト教学校同盟と日本カトリック学校連合会が共同で運営している。

第 2 章 「内なる国際化」プロジェクト
―外国につながる「大人」の学びを考える理由

長谷部美佳

1 2018年入管法改正と学長プロジェクト

　2018 年は、日本が「移民政策ではない」という建前を堅持しながらも、移民の受け入れに大きく舵を切った年となった。11 月に出入国管理及び難民認定法（以下入管法）の改正が閣議で決定された。国内の人手不足解消への対応をするために、人手不足の分野で一定の技能を持つ人を対象に新たな在留資格「特定技能」を創設する、というものだ。連日、「外国人が多数入国する」ということが報道されていた。

　2015 年に出発した明治学院大学の「内なる国際化」プロジェクトは、3 年間の教学改革プロジェクトとしては幕を閉じ、2018 年度は学長プロジェクトとして装いも新たに、再出発することになった。新プロジェクトは、日本の「移民状況」の大きな変動の年に再出発した、時機を得たプロジェクトだとも言いうる。

　「内なる国際化」プロジェクトでは、例年、秋口にシンポジウムを開催してきた。1 年目は全体的な「内なる国際化」とは何かというテーマで、2 年目は外国ルーツの子どもの教育をテーマに、3 年目は学生主体で、外国ルーツの当事者の話を聞き、学生がディスカッションをする、というものだった。そして、この大きな変動の時代の、2018 年は「多様な人の学びの保障」となった。

　筆者は、1 年目より非常勤講師として関わらせてもらい、なおかつ新プロジェクトの今年度から、専任の教員としてお手伝いできることになった。筆者にとっても「再出発」となる今年度、「外国ルーツ」の人を取り巻く、世の中の大きな動きと連動しながらも、本質的な問題を提起できるような、シンポジウムを開催できるよう、プロジェクトのほかの先生方とともに知恵を絞りだせたのではと思っている。

2 移民の第一世代の苦労

「多様な人の学びの保障」をテーマにしたのは、学ぶ権利を「子ども」のものだけでなく、より多くの人のものとして考えたいとの思いがあった。

学び、というと私たちは、基本的に子どものものと思いがちである。特に日本社会においては、正規の教育機関はどうしても年齢との関連で語られ、「若年層」のものという認識が強い。その意味では「外国人」の学びの問題というと、外国につながる子どもの教育の課題となる。

実際、外国につながる子どもの課題は非常に大きく、まだまだ解決も改善も必要な分野である。文部科学省が公表する調査によれば、平成28年（2016年）日本語での支援が必要な児童生徒数は4万人を超え、そのうち日本語指導が必要な日本国籍の児童生徒数も1万人に迫る勢いだ（文部科学省 2017）。日本語指導が必要な児童生徒が高校に進学した際の中退率は、公立高校に通う全体的な高校生の中退率の9倍であるとの報道もある（朝日新聞 2018）。日本生まれにもかかわらず、十分に日本の授業に付いていけない子供たちが多数おり、一方で本国では優秀だった子どもたちが、言葉がわからないばかりに、その能力を十分活かせないということも、多々ある。課題は山積みだ。しかし、一方で社会的な認知度は決して低くなく、支援団体も多数ある。

一方、「外国人」の大人の問題は、ほとんど注目されてこなかった。大人は、自分の意志で来ているから、あるいは仕事ができているから、場合によっては、長年住んでいれば自然に覚えるだろうという理由で、彼らの日本語力の有無が問題になることはあまりなかった。ちなみに数で言うと、義務教育年齢を超えた外国人の数は、240万人近くである（政府統計の総合窓口 2018）。

日本での滞在の長短にかかわらず、日本語も流暢で、日本人と同様に同じ職場で仕事をし、場合によっては起業をしている人も多数いる。筆者は新宿区の会議に参加させてもらうことがあるが、半数が外国籍の委員で占められるその会議では、全員が日本語で議論をし、込み入った議論でも、全員問題ない。

ただし一方で、平成29年（2017年）という、ほんの最近の内閣府定住外国人施策推進室による「日本での生活に関する日系定住外国人の意識調査」では、20年以上住んでいても、3.45％の人が日本語での会話がまったくできないと答え、読み書きにいたっては、ほとんどできないという人が45％にのぼる。

これは日系人という日本の中での人口規模の大きな「外国人」の調査なの

で、彼らのエスニック・コミュニティが大きくなって、母語で生活ができるので、日本語がなくても生活できている、という肯定的な側面もある。それはそれで生活に困らなければよいと思う。しかし実際には、特に不安定な職に就いていればいるほど、何かあったときは公的機関など、日本の制度に頼って生きなければならない。日本語はいざというときに大変重要になる。もちろん職を失ってしまったとき、次の仕事を探すには、日本語力が重要になることは言うまでもない。

　彼らは別に怠けているわけではない。もちろん、本国での学習習慣がないという人も一定数いるだろう。だが、多くの場合、日本に来たとたん、生活のために仕事をしなければならず、あるいは結婚移住者であれば、日本に来たとたんに妊娠出産育児と続き、とても日本語を学ぶ時間がなかったという人が大半だろう。もちろん全国各地に、日本語を教えるボランティア教室は存在している。しかし生活のため、そうした場に継続的に通えないという人も多数いる。

　また、今回のシンポジウムのゲストでお招きした元難民の伊東クリスナ氏のように、紛争内戦などで、本国で教育の機会がなかったという人もいる。彼女はもう一人のゲストである関本保孝氏が、開設のために運動を続けている夜間中学校に通ったという経験の持ち主だ。

　またもう一人ゲストでお迎えしたふれあい館の原千代子氏は、日本に子どもの時に来てから、働き、結婚し、育児をしていく中で、日本語の読み書きを学ぶ余裕のなかった高齢女性の識字教室を実施している。文字を初めて書けるようになった喜びを語る瞬間に立ち会っている。

　近年は、親の都合に合わせて、学齢期を超して日本にやってきて、行き場がなくなってしまう15, 6歳の子どものたちの問題も報じられるようになっている。

3　学ぶ場は、多様な形で。学ぶことは権利。

　今回の入管法改正は、「外国人労働者」に焦点が当たっているように思われる。もちろん創設される在留資格は「労働者」のものだ。ただし、彼らの中には家族の帯同が認められる人たちも出てくる。とすれば、日本社会の中に、場合によっては日本語が一言も話せず、文字も読めず、生活をしなければならない人が出てくるだろう。教育を受ける機会に恵まれなかった人などが日本で在

住する可能性が今より高くなる。

　彼らは労働者の「帯同者」であるから、学ぶ機会がなくてよいか？というとそれは決して良いことではない。学ぶ機会がなかった場合、帯同者が未成年であれば、自分の将来を左右することになり、帯同者が大人であれば、日本社会の中で居場所を見つけるのが難しくなるはずだ。彼らが日本社会において主体的な生活を送るためには、より広い教育の場の確保が重要になってくる。それを考えるのが今回のシンポジウムの趣旨である。

　最後に、1998年にノーベル経済学賞を受賞したアマルティア・センの著書から、教育の意味が書かれているところを引用しよう。彼は教育の重要性を彼の母国であるインドの開発に必要、という文脈で述べているが、これは大人の学習権を考えるうえでも鍵になるだろう。

　　第一に、「読み書き」や「計算」の能力は生活の質に大きな影響を与える。つまり、そういった能力を身に付けることによって、世の中を理解し、しっかりとした情報に基づいて生活を送り、まわりの人たちとコミュニケーションをとり、現在起きている物事に幅広く目を向けるという自由が得られる。社会では（特に、今の世の中では）、文字による意思疎通が重要な位置を占めているため、「読み書き」ができないということは牢屋に閉じ込められているようなものであり、そこから逃れるための扉を開いてくれるのが学校教育なのである。(Drèze & Sen 2013=2015: 171)

　日本で、「牢屋に閉じ込められているような」人が、一人でも少なくなるためにも、年齢にかかわらない多様な学びの場を保障することは、その重要性がもっと強調されてもいいのではないだろうか。

［文献］
朝日新聞，2018，「日本語教育必要な生徒，高校中退率9％超　公立高平均の7倍」（2018年9月30日朝刊）．
Drèze, Jean and Amartya Sen, 2013, An Uncertain Glory: India and its Contradictions, Princeton, NJ: Princeton University Press.（湊一樹訳，2015，『開発なき成長の限界――現代インドの貧困・格差・社会的分断』明石書店）．
文部科学省，2017，「『日本語指導が必要な児童生徒の受入状況等に関する調査（平

第 2 章 「内なる国際化」プロジェクト―外国につながる「大人」の学びを考える理由

　　成 28 年度)』の結果について」，文部科学省ホームページ，(2019 年 3 月 5 日取得，http://www.mext.go.jp/b_menu/houdou/29/06/__icsFiles/afieldfile/2017/06/21/1386753.pdf)．
内閣府，2018,「日本での生活に関する日系定住外国人の意識調査【報告書】」，国立国会図書館ホームページ，(2019 年 3 月 5 日取得，http://warp.da.ndl.go.jp/info:ndljp/pid/11125722/www8.cao.go.jp/teiju/index.html)．
政府統計の総合窓口，2018,「在留外国人統計(旧登録外国人統計)国籍・地域別　在留資格(在留目的)別　在留外国人」，(2019 年 3 月 5 日取得，https://www.e-stat.go.jp/stat-search/file-download?statInfId=000031770316&fileKind=0)．

第2部

シンポジウム報告

第3章　夜間中学と外国につながる生徒について

関本保孝

　私は大学で中学の社会科の免許を取り、1978年9月から都内の夜間中学に勤務していました。4月に採用されず、チャンスがあるならということで夜間中学の教員になり、3年ぐらいで昼の方にと思っていたのですが、36年ぐらい夜間中学にいることになりました。墨田区の曳舟中学で12年7カ月、足立区立第四中学校夜間学級で9年、世田谷区の三宿中学校で9年、最後は墨田区の文花中学校夜間学級ということで、トータル35年7カ月、夜間中学で中国帰国者や新渡日外国人等に日本語を教えていました。2014年3月に定年退職して今は無職ですが、無職の割にとても忙しく、卒業生のための「えんぴつの会」というのを墨田区で週2回開いていて、三鷹にある「ピナット」で外国につながる小中学生の学習支援のスタッフをしています。それから、「神奈川・横浜の夜間中学を考える会」で伊東クリスナさんに出会い、東京の「夜間中学校と教育を語る会」では20年以上活動しています。2年前には国立国語研究所で創立大会が開催された基礎教育保障学会の事務局長を仰せつかり、とても忙しく、これが無職なのかという思いでいます。PRになるならということで、いろいろなところで夜間中学についてお話ししています。

1　夜間中学の歴史

1.1　夜間中学は社会の鏡

　夜間中学は1947年にできました。戦前は小学校6年までが義務教育といわれていましたが、敗戦の2年後の1947年に6・3制が始まり、夜間中学もそのときから始まりました。貧しくて学校へ行けない子どもがたくさんいた大阪や神奈川にでき、東京には1951年にできました。文科省の1953年の資料を見ると、両親がいない子どもが確か12万人いるということで、戦争の傷跡がまだまだたくさんあったということも大きな背景だったと思います。

　1940年代後半、1950～1960年代は、10代後半や学齢の子どもたちが多か

ったのですが、1970年代以降は、成人の日本人、在日韓国・朝鮮人、元不登校やひきこもりの方もかなり多くなりました。1965年には日韓基本条約が結ばれ、1972年には日中国交正常化が合意され、中国残留孤児など、国籍は日本でも日本語ができない方を夜間中学で引き受けました。中国帰国者は全国的に非常に多かったです。そして1975年にベトナム戦争が終わり、1978年にインドシナ難民を受け入れることを閣議決定しました。東京の夜間中学では、1980年ぐらいからインドシナ難民を引き受けてきました。2000年前後からは、新渡日外国人という国際結婚した外国人配偶者や仕事で来日した外国人の家族など、比較的最近日本にいらした外国人あるいはその家族が増え、2008年に全国の夜間中学では数的に第1グループになりました。

　インドシナ難民だけでなく、アフガン難民、スーダン難民もいます。私も世田谷の三宿中学で、家族が皆殺しにされたアフガンやスーダンの若者に教えました。それから脱北者も20年ぐらい前から受け入れるようになりました。無戸籍の人もです。日本の明治民法では、離婚後300日以内に生まれた子は前夫の子どもになります。暴力から逃げている場合は、前夫の子どもになってしまうので出生届を出さないということで、小学校の就学通知も来ません。数千人とも数万人ともいるといわれていますが、そういう子も夜間中学にいます。大阪の夜間中学には居所不明の若者もいます。今、生徒は全国31校で約1,700人いますが、歴史的にも現時点でも多様な生徒の貴重な学びの場になっています。社会の鏡、縮図、それが夜間中学だと思います。

1.2　絶えず社会に働きかけてきた夜間中学

　当初から国は、学校教育法違反、労働基準法違反ということで、困っている子どもに手を差し伸べるような法的整備などはやってきませんでした。1954年・1955年がピークで89校の夜間中学ができ、いろいろ情報交換し、国への訴えを取りまとめようということで、全国夜間中学校研究会（旧全国夜間中学校研究会連絡協議会）が結成され、大会は今年で64回を迎えます。国への法制化の要望の中で、学校教育法の中に特殊学級という枠組みがあり、その中に経済的な理由により学校に行けない人たちという項目も置こうと提案しました。1963年ぐらいまで全夜中研大会でも議題になっていましたが、結局取り上げられず、そのまま立ち消えになりました。法制化は水面下に潜りましたが、また別の形で復活したともいえると思います。1976年からは、毎年、要

望書を出すようになりましたが、当時の文部省は、それは設置者である自治体の問題だということで、今でも1県1校は実現していません。東京8校、千葉1校、神奈川2校、京都1校、大阪11校、奈良3校、兵庫3校、広島2校と、8都府県に31校しかありません。逆にいえば、39道県には1校もないというのが現状です。

　未設置県にも粘り強く要望を出していましたが、2003年に全国夜間中学校研究会として、夜間中学増設を求めて日弁連に人権救済申立をしました。片道2時間以上かかる遠距離通学で、通学定期代だけで年間23万円かかる人もいるというデータや、自主夜間中学の運営の大変さなど、膨大な資料をデータ化して提出しました。それを受け止めてくれた日弁連は2006年に国に意見書を提出し、「学齢超過か否かを問わず、義務教育未修了者は国に教育の場を要求する権利を持つ」ということを認定しました。2016年の義務教育機会確保法にも通じる非常に画期的なことだったと思います。

　私たちは2006年の日弁連の意見書を踏まえ、人権救済申立専門委員会を発展改組し、「すべての人に義務教育を！　専門委員会」という名称に変え、それを機に冊子を作りました。それと同時に「すべての人に義務教育を！　21世紀プラン」を作りました。やはりビジョンを世の中に示さなければいけません。ここでは「いつでもどこでもだれでも」、つまり、何歳でも、どの自治体に住んでいても、どの国籍でも、基礎教育としての義務教育が保障されるべきであるということを柱に要望しました。1県に1校の夜間中学、通信制、既存の学校での学びの場、特別支援学校での成人クラス設置などを提言しましたが、これが出された後も、全国での夜間中学増設は進みませんでした。

　全国には自主夜間中学が結構ありました。例えば埼玉県川口市で長年、自主夜間中学をやりつつ、川口市や埼玉県に夜間中学設置を求めてきましたが、川口市に行くと、「それは川口市だけの問題ではなく、いろいろな市にも関係があり全県的な問題だから県に言ってください」と言われます。埼玉県に行くと「設置者は市町村だから市に言ってください」ということが30年ぐらい続いています。本当にたらい回しです。全国どこでも大同小異です。これでは夜間中学の増設につながらない、全夜中研発足の初期の段階で学校教育法の改正案を出していましたが、それをさらに発展させたような形で、失敗と経験から学び、最終的な結論は議員立法ということでした。全国夜間中学校研究会は、校長、副校長、教頭、一般教員の全員加盟の団体です。

2012年からロビー活動を行い、超党派の議員に接触しました。国会院内集会をやりたいということで、全ての会派に接触し、2012年8月3日の国会院内集会に、北海道から沖縄まで、当事者や自主夜中の方を呼んで170名ぐらい集めました。札幌自主夜中で学んでいる車いすの方は、就学免除でずっと学校に行けなかったのですが、今は1週間に1回勉強できるようになりました。それも幸せなことですが、毎日勉強できる夜間中学をつくってほしいという話をしました。不登校、在日、新渡日の当事者の声を聞くと、やはり超党派の国会議員の方々も心を打たれるわけです。当事者が声を発することにより、国会議員を動かすわけです。そこから歯車が動き、翌年8月6日にも国会院内集会を行い、議員連盟を作ってくださいとお願いし、2014年4月に馳浩衆議院議員を会長に夜間中学等義務教育拡充議員連盟が結成されました。
　ここが大きな変わり目の年でした。7月には教育再生会議の中で夜間中学の拡充に関する内容が盛り込まれました。2年前に子どもの貧困対策推進法ができ大綱を作りましたが、そこにも夜間中学の拡充に関する内容が盛り込まれました。そして8月末の次年度の文科省の概算要求の額も増え、夜間中学設置に関する調査研究が組み込まれました。当時の下村文部科学大臣は、1県に1校ぐらいは必要だろうという国会答弁を繰り返し行いました。2014年は大きなターニングポイントの年になりました。超党派の国会議員が議員連盟をつくり視察に行くとなると、文科省も大きく変わります。不登校などで実質的に勉強していない形式卒業者も、実態に応じて夜間中学に受け入れてほしいと文科省に要望しても、二重の税金支払いは無理だとずっと言っていましたが、2015年7月には文科省も動き、形式卒業者も夜間中学入学可能との通知を出しました。2016年9月に54名、2017年9月に87名の形式卒の人が夜間中学に入りました。今年は100名になるかもしれません。認知度もだんだん上がっています。今、夜間中学には卒業証書をもらった15歳の子どももいますし、中高年の人や外国籍の人もいます。
　ひきこもりがすごく増えていて、100万人といわれています。国の調査では2010年には70万人、2015年には54万人と、少し減ったように見えるかもしれませんが、7年以上のひきこもりが倍になっています。理由別では、不登校からのひきこもりが一番多いです。国では15〜39歳というのが若者のくくりで、40歳以上は調査していません。40代、50代のひきこもりもたくさんいるという声があったようで、国は40歳から60歳前後までの調査を行うと言って

います。今、8050 問題といわれていますが、80 代の親が 50 代のひきこもりを抱えています。全国ひきこもり親の会はだいぶ前に、自分たちが死んだ後、ひきこもりの子どもの面倒を見てほしいと国に要望しています。日本がそれだけ深刻な状況にあるということです。

　それから、9 年連続で人口が減少しています。今年も約 40 万人減少しています。2050 年には人口が 3,000 万人減少して 9,000 万人になると予想されています。最近のデータでは、外国人登録者は 260 万人と増えています。こういう社会的な大きな変動の中で、今、国の歳出の 3 分の 1 は国債、つまり借金です。夜間中学だけで全て改善するということはあり得ませんが、やはり教育機会の確保を通じて、基礎的な学力を付けて高校に行き、大学に行き、正規社員になり、最終的には税金をたくさん納めてほしい。馳浩議員がよく言うのは「Tax payer を作る」ということです。要するに健全なる納税者です。第一義的には本人の輝かしい人生のためですが、持続可能な社会を維持するためには、一定のお金がかかってもセーフティネットをつくることが大事だという方向に目を向けたのではないかと思います。

　2016 年 12 月 7 日に義務教育機会確保法ができました。3 条には「年齢・国籍その他の置かれている事情にかかわりなく教育機会が確保されるようにする」ということが書かれています。かつては、憲法 26 条から国民の権利と曲解している部分がありました。あるいは学齢を超えた 15 歳からは学習権はない、親がきちんとやらなかったのだから、残念だけれど権利がないという論調もありましたが、われわれの運動もあり、馳先生も力を入れてこういうものを盛り込んでくれました。それから、4～6 条には「国・自治体は教育機会確保施策を策定・実施の責務、財政措置の義務あり」ということで、全ての自治体には責務があるということが書かれています。7 条は「文部科学大臣は、基本指針策定（関係する民間団体の意見を反映）」ということで、基礎教育保障学会でも申し入れ、去年 3 月 31 日に、満額回答ではないにしても、一定のものができました。14 条には「自治体は義務教育未修了者が多数存在することを踏まえ、夜間中学等提供義務を負う」との趣旨のことが、書かれています。

　1954 年に全国夜間中学研究会ができ、国に法的な制度を求めても応えてくれなかったときから考えると隔世の感があります。理念法なので、これで自動的に夜間中学がつくられるわけではありませんが、重要なバックボーンができました。これを武器に、今、いろいろなところで取り組みを進め、自治体、議

会とも連携しているところです。

2　夜間中学の現状と取り組み

2.1　多様な夜間中学生

　2017年の9月時点の全国の夜間中学生は1,826名で、うち約7割が仕事や国際結婚等々で日本に来た新渡日外国人です。それから、既卒者も入れるようになったので日本人が少しずつ増えて17.1%です。中国等帰国者は以前に比べると随分減って約10%です。残留孤児も高齢化しています。在日韓国・朝鮮人は3.4%ということで、ここも高齢化しています。それから難民、日系移民がごく少数ですがいます。夜間中学があるところは、日系人が就職する自動車や家電産業がないところが圧倒的に多いです。

　生徒の多国籍化が進んでいます。アジア、アフリカを中心に、世界のいろいろな国・地域から来ています。年齢は10代が358名、20代が342名と少し多いですが、30代247名、40代231名、50代182名、60代200名、70代190名、80代以上76名と各年代にわたっています。話を聞くと、大空襲で疎開していて学校に行けなかった、貧しくて戦後に学校に行けなかったという、50年、60年、70年以上にわたる思いを温めて、今は何とか時間もできて、お金も多少あるという方々がいて、学びは世代を超えて必要だということを感じます。

　男女別では、男子34.8%、女子65.2%と1対2です。日本もかつては女性に学問は要らないという時代がありましたが、その反映ではないかと思います。発展途上国ではまだそういう傾向があります。

2.2　不便・苦痛そして人間の尊厳さえ奪われて：学習権は土台的人権

　日弁連で人権救済申立をしたときに、いろいろな陳述書や証言を提出しました。そのごく一部を紹介します。「病院で受診する科が分からない」「手紙が読めず捨てていた。そういう自分は人間として生きる価値がないと思った」というのは60代の和歌山県の男性です。「買い物で割引が計算できない」「選挙では名前を写して書くだけ」「中学未卒業が分かり離縁された」というのは、私が夜間中学の教員になりしばらくしたとき、30代の女性が私に切々と話してくれました。それから、国際再婚で日本人と結婚した中国人が、中国から15

歳を超えた子どもを呼び寄せたけれども、学齢超過を理由に昼の中学校に入れてもらえない。かといってその県には夜間中学もないので、母子で東京に転居して世田谷の三宿中に入りたいと相談を受けたこともあります。義務教育を受けるのに何百キロも離れたところに転居し、お金をたくさん払うというのは、先進国とはいえないのではないかと強く思いました。

2.3　東京の中学校夜間学級での取り組み

　東京の夜間中学では、1時限40分が4時限あり、給食もあります。月〜金で週20時限勉強します。昼の中学校と同じような年間行事もたくさんあります。健康診断、遠足、移動教室、京都・奈良への修学旅行、文化祭では中国の方が水餃子を2,000〜3,000個作って売ったり、在日の方々はキムチやチヂミを作って売るのですが、飛ぶように売れます。フィリピンの方の煮込み料理のアドボなどもあります。それからスピーチ大会もあります。運動会では30代までは50m、40代以上は30m走ります。80代ぐらいまでいます。いろいろな国籍、いろいろな年齢の人が楽しみます。最後はグランドいっぱいになりオクラホマミキサーを踊りますが、いつも男不足です。私は1978年に教員になりましたが、50年ぐらい行っています。

　それから、昼の中学との交流ということで、文花中では昼の1年生の6時間目に夜間の生徒が体験発表しています。「大空襲があり疎開で富山にいたので学校に行けなかった。今、勉強できて幸せ」とか、中国から来た子が「半年前に日本に来て楽しく勉強しています」という話をすると、昼の子どもたちは「今、勉強できることは本当に幸せなのだと思いました」「半年前に日本に来て、あれだけ日本語が上手なのは素晴らしい」と話します。それを夜間の生徒に伝えるとすごく励みになるし、昼の生徒のモチベーションにもなり、相互にいいということで20年ぐらい続けています。2年生は夜間の時間帯に全員が分散して夜間学級の授業に入り、先生と一緒に授業を教えます。70代ぐらいの人に若い子が数学を教えてあげたり、世間話をしたりするのは、とても素晴らしいことだと思います。昼ではできないようなことも工夫しながらやっています。

　運営全般については、普通学級で小学校あるいは中学校の9教科を学習し、東京の日本語学級では20コマのうち15コマが日本語、5コマが音楽や体育の実技教科です。若年は1年が日本語学級で、もう1年は普通学級で勉強して、

高校に行く生徒がほとんどです。3割ぐらいが全日制へ行っています。

東京の進学でいうと、2015年度の卒業生は127名です。中高年を含んでいるので55％が進学して、高校進学が69名、うち49名が定時制、20名が全日制です。

3 夜間中学は全国各地に必要

3.1 2010年国勢調査「未就学者（15歳以上）」

2010年の国勢調査では、未就学者（15歳以上）は12万8,187人となっています。未就学者というのは、小学校に全く行ったことがない、または小学校を中退した方です。小学校は卒業して中学校を中退した方の最終学歴は小学校です。そういう方を含めると約10倍の百数十万人いるのではないかといわれています。国勢調査では小学校と中学校が同じくくりになっているので、それを分離して小学校卒のみの人が分かるようにと要望し、総務省も2020年の国勢調査改善を前向きに考えているようです。

3.2 外国人「未就学者」

2010年の国勢調査では、未就学者（15歳以上）は全国で12万8,187人で、うち外国人が約8,000人、日本人が約12万人でした。人口比だと外国人の未就学者は日本人の約5倍です。外国人登録者と国勢調査提出者の誤差を見ると、答えていない外国人が50万人近くいるので、外国人の未就学者はもっといるのではないかと思います。

3.3 文部科学省「夜間中学拡充事業」活用が重要

文科省はよくやってくれています。こちらが評価すると「今までやっていなくてすみません」と謝られますが、ニーズ調査などいろいろやるようになりました。

4 一人一人の人生が輝くために

夜間中学は、日本人にとっても、外国から来る人にとっても基礎教育の場です。今は東京、大阪を中心に8都府県にしかありませんが、それで済むもので

はありません。全都道府県に1校、さらに中核都市にもと思っています。日本語教育、そして基礎教育を受けることが、その人の人生の礎になり、それがゆくゆくは社会全体にとっても非常に大きな財産になるのではないかと思います。「夜間中学生」「日本語を学ぶ人」は社会の宝です。

　法律ができても、1県に1校つくるためには県レベルの運動が必要だと思います。そのためには道具立てが必要だということで、92分版の映画「こんばんは」を見た方もいらっしゃると思いますが、その30分版を森康行監督に頼んで作ってもらっています。馳浩元文科大臣のインタビューもありますし、カンボジアから来られた伊東クリスナさんも出演しています。ぜひこれを広めていきたいと思います。

第4章　ふれあい館識字学級
── 大人の学びの場から多文化家族支援 ──

原　千代子

1　受託団体　社会福祉法人青丘社

　青丘社は40数年、地域の在日韓国・朝鮮人の人権保障、今はニューカマーや障がいがある人など、地域包括ケアのようなことを目指しながら、多文化共生の地域づくりを目指してきました。今日のテーマは「大人の学びの場」ですが、主に多文化家族支援の必要性についてお話ししたいと思います。

　1969年に在日大韓基督教川崎教会を基盤として無認可の桜本保育園が設立され、1974年に法人認可を取得しました。1974年に建てられた建物に、以前は保育園と教会が併設されていましたが、耐震基準の問題もあり、桜本保育園は移転し、今は隣のさくら小学校の敷地内にあります。新館構想として、青丘社の建物をこれから来年に向けて建て直すという課題があります。

　川崎市川崎区桜本は、在日韓国・朝鮮人の多住地域でした。当時、川崎市全体の外国人数は約1万人弱で、そのうちの90％が在日韓国・朝鮮人でした。在日に対する非常に根強い民族差別があり、共に生きる地域社会をつくっていくことを目標に、いろいろな営みが始まりました。教会の李仁夏牧師が理事長として青丘社の基盤をつくりました。「本名を呼び、名のる活動」ということで、子ども会活動、学習支援・進路保障を、当時、在日韓国・朝鮮人の子ども向けに行っていました。今はニューカマーの子ども向けに学習支援を行っていますが、40年たっても同じことをやっていると思います。私は1976年の大学生時代に青丘社の活動に出会いました。在日韓国・朝鮮人の歴史や現状を勉強していた私は、大学の先生から地域の在日の実態を学びに行きなさいと言われ、学生ボランティアとして関わるようになりました。

　今なら韓流スターの人もいるので、例えば、イ・カンミさんという名前も普通に聞こえると思います。しかし当時は、桜本保育園では本名を生き生きと名のっていても、隣の日本の学校に行くと「朝鮮人は朝鮮へ帰れ」とか、先生も

「この教室はキムチ臭い」というような差別発言をし、人権教育もない時代でした。本名で呼ぶと「それは自分の名前ではない」と子どもに言われました。「先生や原さんは、民族差別と闘って差別をなくそう、本名を名のれと言うけれど、実際に学校で差別されている自分たちに何をしてくれるのか」と子どもたちから突き付けられ、このことをきっかけに私も青丘社に深く関わるようになりました。

　朝鮮人が勉強しても何にもなれず希望がないということで、特に中学生の子どもたちが学校で暴れたり、地域で非行行動をするなど非常に荒れていました。現在につながる問題として、差別と貧困がすごく絡み合っていました。貧困は日本社会全体であったかもしれませんが、6畳一間と2畳ぐらいの台所しかない家に8人暮らしというのは、私にとってはかなりカルチャーショックでした。就職差別があり、お父さんが肉体労働で体を悪くして家が荒れてしまうという中で、子どもたちが生き生きと生きていくためには、差別や貧困の問題をなくしていかなければいけないと思いました。

2　ふれあい館の設置目的

　私は1976年ごろに、朝鮮人への本名差別や荒れる子どもたちに出会いました。青丘社は教育委員会や川崎市と民族差別の実態について話し合い、地域の中で差別をなくす会館の設置そして在日外国人教育の方針を作るようにという市民運動を行ってきました。そして1988年6月に「日本人と韓国・朝鮮人を主とする在日外国人が市民として子どもからお年寄りまで相互のふれあいをすすめることを目的とする」という、川崎市ふれあい館条例が議会で可決されました。そして、桜本こども文化センターの児童館機能とふれあい館の社会教育機能を併せ持つ統合施設として、川崎市ふれあい館が設置されました。

3　ふれあい館設立の背景と社会教育事業

　ふれあい館が設置される前から私は青丘社の職員でしたが、ふれあい館ができる前の青丘社の職員はあまり身分保障もなく、李仁夏（イ・インハ）先生が募金する中で、私たち学生何人かが専従職員という体制でした。ふれあい館ができたことにより、在日韓国・朝鮮人の課題だけでなく、地域の高齢者、ニュ

ーカマー、障害のある人、マイノリティの人たちの人権保障を総合的に見据えた取り組みが始まりました。

　青丘社のパンフレットには、「誰もが力いっぱい生きていくために」とあります。現在、青丘社が行っている取り組みとして、まず桜本保育園、駅前にある小規模保育園のさくらっこ保育園、そしてふれあい館があります。ふれあい館は川崎市が設置した建物で、社会福祉法人青丘社が事業の委託運営を行っています。いろいろなニーズからできたふれあい館ですが、その事業の一つに川崎区翻訳通訳バンク事業があります。例えば、子どもは日本生まれだけど、フィリピン人のお母さんが学校で先生と面談するときは日本語だけでは内容が十分に分からないというときに、川崎区通訳翻訳バンク事業では通訳派遣をしています。そして、学習サポート事業があります。

　また、成人事業として、ふれあい館開館から、在日1世の人たちの識字実践が始まりました。私が在日1世の人と出会ったとき、彼女らは既に70歳代でした。ふれあい館は今年30周年を迎えましたが、在日1世の人たちの高齢化がさらに進む中で、日本で一番苦労してきた在日の人たちに民族文化的なサービスを保障した高齢者の事業を立ち上げようということで、介護保険事業所のほっとラインという取り組みも行っています。

　そして、桜本保育園は、40年前から障がいのある子どもたちを積極的に受け入れてきました。そのころよりも障がいがある人たちが生きる場は少し増えてきているかもしれないし、法律の整備もありますが、やはり重度の障がいがある子どもさんだと、なかなか保育園に入れないとか、いろいろなサービスがなかなか届かないということもあり、障がいがある人へのデイサービス事業やグループホームの経営なども行っています。

　ふれあい館ができ、児童館と社会教育事業の実践が進んでいきました。成人向けの社会教育事業の一番中心的なものとして、識字学級が立ち上がりました。主に在日韓国・朝鮮人1世の識字実践と、国際結婚したフィリピンやタイの女性たちの相談が大きな課題になってきました。

4　川崎区は外国人集住地域

　現状、神奈川県において川崎市は横浜市に次いで外国人数が多い都市です。愛川町は6.07％ですが、川崎市7区の中でも川崎区は住民総数の6.46％が外国

人であり、県の中で一番の外国人集住地域になっています。

　川崎市住民総数は約150万人で、そのうち川崎区住民総数は23万353人です。川崎市外国人総数は3万9,587人ですが、川崎市の人口はいまだに毎年増加傾向で、特に外国人割合は前年度の2.3％に比べて2.6％に上昇しています。川崎区住民総数の外国人の割合も、2017年は5.7％でしたが、2018年の統計では6.5％まで上昇しています。これは国籍としての外国人住民の割合ですが、例えばお母さんがフィリピン人でお父さんが日本人だと、生まれた子どもは日本国籍になります。そういう外国につながる人をカウントする仕組みはなかなかありませんが、そうすると6.46％よりもっと高い集住率になるのではないかと思います。

　川崎区においては、単なる国籍としての外国人支援だけではなく、外国につながる多文化家族の人たち全体の支援を考えていかなければいけない状況ではないかと捉えています。日本語指導を必要とする児童生徒の統計が出ていますが、小学校レベルでは外国籍の子どもが186人、日本国籍の子どもが61人と、外国籍だけではなく日本国籍であっても日本語ができない子どもたちがこれだけいます。川崎区には、外国とつながりがあり日本語指導が必要な児童生徒が小学校レベルでは全市の55％、中学校レベルでは45％います。川崎市全体の取り組みの中で、川崎区の外国人支援の取り組みがとても重要だということが、統計資料からも見えます。

　川崎区南部の地域には、ニューカマーの外国人（フィリピン、ペルー、タイなど）が多いです。識字学級には年間約170名の人が来ますが、受け付けのときにどういう仕事をしているか聞いています。かつて川崎区の臨海部は重化学工業のまちでしたが、今、重化学工業は衰退し、コンビニに卸すお弁当の工場、冷凍食肉工場、スーパーの魚部門に卸す冷凍工場があります。日系人の男性労働者はリサイクル工場で働いており、私も不勉強で近代的な工場をイメージしていましたが、実際は産業廃棄物の処理を臨海部の工場地帯で行っています。川崎駅前にある繁華街の中国居酒屋等の飲食店に勤務している人たちも多いです。こういうところで働く人たちの層とは別に、コンピューター事業系の大企業で働く人もいて、技術から永住型になるような中国人の高度技術者の家族も駅前の方では一定程度増えています。

　川崎区の中の外国人の国籍別統計を見ると、かつては全体の9割が在日韓国・朝鮮人でしたが、今の1位は中国人で、2位は韓国・朝鮮ですが、在日と

いうよりニューカマー系の人たちです。以下、フィリピン、ベトナム、ネパールの人が多いです。

5 統合施設としての特色と識字学級

　ふれあい館で行っている事業には3本の柱があります。一つ目に、地域福祉コミュニティの中心館として、いろいろな取り組みが行われています。二つ目に川崎区における多文化家族支援として、翻訳・通訳事業、多言語情報発信などを行っています。三つ目に、川崎市における「多文化共生社会」推進事業として、社会教育事業（識字学級、成人学習講座等）を行っています。

　ふれあい館では、在日1世の人たちなどの識字学級や、フィリピンの子どもたちの民族文化クラブTinikling（テニクリン）、韓国・朝鮮の民族文化活動なども行っています。識字学級では書き初めをしています。日系ペルー人の80代の方もいますし、国際結婚した韓国やフィリピン、タイのお母さんが多いです。ふれあい館の識字学級の2017年度の参加者は171名でした。630m^{2}の2階建ての小さい、それほどきれいではない老朽化した施設です。たくさんの人が来ますが、定着して勉強できるような状況の人はほとんどいません。1～2年ずっと勉強を続けて日本語がどんどんレベルアップするという形がなかなかのぞめていないのがニューカマーの人たちの現状です。

　国籍別に見ると、昨年度は1位中国、2位フィリピン、3位ベトナムということで、先ほどの人口統計と同じです。あとはタイ、ペルー、ブラジルの人たちが定住型として全体の多くを占めていますが、最近はナイジェリアやウクライナなどから、特に今は技能ビザで働きに来る人たちが、昼間の学級にも少しずつ現れています。

　ふれあい館の識字学級が始まった1988年当時は、まず在日コリアン1世の人たちの識字学級というのが大きな目標でした。しかし、初め1世の人はほとんど来なくて、国際結婚した韓国人や中国人のお母さん、学校の先生の紹介で来たベトナム難民のお母さんなど、1年目はほとんどニューカマーの人たちでした。ふれあい館の識字学級は「市政だより」「ふれあい館だより」などで文字を媒体に広報していました。ふれあい館は新しい人権保障のユニークな施設として建ったので、新聞報道も結構されていましたが、在日1世の人たち、特に女性たちは、長らく文字の世界とは隔絶された非識字の世界で生きてきたの

で、ふれあい館に勉強の場ができたことがわからなかったのです。2世の子どもたちは学校教育を受けていて、お母さんたちのことを手伝っていましたが、自分のお母さんたちが勉強したかったという気持ちはあまり理解していなかったのではないかと思います。

既に亡くなられましたが、ふれあい館の2軒先に住んでいたリ・ジョングンさんという在日1世の女性が、在日大韓基督教川崎教会に通っていました。教会で初めてふれあい館に勉強の場ができたことを知った彼女が、1988年の終わりごろに初めてふれあい館に来てから、2カ月ぐらいの間に1世の人が30人ぐらいに増えました。文字の読み書きと断絶されて教育の機会がなかった人たちですが、民族ネットワークのつながりはとても深く、道や病院で会ったときに「ただで勉強できるところができたよ」という話が伝わり、1世の人がふれあい館に集うようになりました。

私も長らく在日韓国・朝鮮人の人権保障に関わっていて、1世の人たちが教育の機会に恵まれていないことも知っていました。小さい子どももそうですが、70歳を超えた人が初めて鉛筆を持つと、丸を書くこともできません。自分の住所と名前を書きたいということで、難しいけれど漢字で練習しました。3カ月ぐらいすると住所と名前が書けるようになり、銀行の手続きのときに書いたとか、当時は外国人登録の時代だったので、区役所で初めて自分の名前と住所を書いたということでとても喜んで、その想いを作文に書いていました。私は最初のころ、在日1世の女性たちがとても喜んでいらっしゃるけれど、そこにどのくらい深い意味があるかあまり分かっていませんでした。

その後、日本の学校の教科書で勉強しようとしたのですが、在日1世の人には全然合いませんでした。日本語の読み書きができなくても、体一つで生きてきた歴史があり、自分たちの苦労話、渡日の歴史、植民支配下では朝鮮人だと分かると泥を投げつけられた時代があったことなどを聞く中で、私たちが何かを教えるのではなく、私たちが1世の人たちから学んでいくべきではないかということで、共同学習を考えるようになりました。

在日1世の徐類順（ソ・ユスン）さんとは約20年前に出会い、一緒に勉強してきましたが、ユスンさんたちが20年かかって自分史をまとめた冊子を出しています。これを本にしようという計画もあります。学びたかったけれど学べなかった深い思いがつづられています。習字で自分の思いを表すとか、自分史の中からいろいろな言葉を表すという形で、展覧会もしています。

第4章　ふれあい館識字学級―大人の学びの場から多文化家族支援―

　ふれあい館の識字学級は、在日1世の人たちとの学びの中から、地域の生活に必要な日本語学習をやっていくべきではないかという考えになってきました。そのことは、ニューカマーの識字実践にも受け継がれていきました。日常会話だけでなく、やはり生活の中では読み書きが必要ということで、初期にひらがなやカタカナを勉強しています。

　識字学級は日本語学校とは全く違います。日本語学校は主に留学生として大学で学ぶ人たちが機能的に学ぶ場だと思いますが、ふれあい館の識字学級は週2回だけです。体制としては、市民ボランティアの人たちが手弁当で来て、お互いに日本語を中心に勉強し合います。生活に必要な情報など、その人が必要としていることを伝え、学習者との対話から地域教材を共同学習として作っていくことを目標にしています。単に教室内の学びだけではなく、例えば病院や学校のお便りを非漢字圏の人はなかなか読めないので、そういうものを簡単な日本語で伝えたり、保育園の入所や銀行、区役所の手続きを手伝うようなことを学級の中心に据えています。

　在日1世の識字実践から学んだように、共同学習を行っています。1世の人たちは朝鮮半島の植民支配の中で、朝鮮半島でも学習の場がなく、韓国・朝鮮語についても非識字です。ニューカマーのお母さんたちは、いろいろな国のいろいろな事情がありますが、ある程度は本国で小学校まで教育を受けて日本に来ている場合が多いと思います。もちろんもっと大変な状況で非識字の人もいます。専門家の中では、母語が確立していると日本語習得は第2言語教育ともいわれていて、私は最初、ニューカマーと1世の人たちは違うのではないかと捉えていたのですが、衝撃的なことがありました。

　国際結婚したフィリピンやタイのお母さんがたくさんいて、ふれあい館では社会教育事業で人権講座を行っています。その中で新しい外国人の課題を取り上げる形で、毎年テーマを組んでいます。私は長らく社会教育講座の担当をしていました。1992年に幸区でフィリピン女性のネットワークのカラカサンというグループが立ち上がったので、カラカサンの人にぜひふれあい館の人権尊重学級に来てお話ししてもらおうと思い、講座のお願いに伺いました。私が「ふれあい館から来ました」と言うと、代表のドナさんから「私は数年前にふれあい館の識字学級で勉強していたのですが、覚えていますか」と言われ、私はものすごく驚きました。カラカサンは、DVなどで苦しんでいる女性たちが自分たちの相互のエンパワーメントと問題解決のために立ち上げたグループで

す。ドナさんがふれあい館に来ていたころ、いろいろな悩みがあったことはすぐに分かりました。しかし、ドナさんからそういう話を伺ったことは全くありませんでした。ふれあい館で人権のことや悩み相談を受けると言っていても、そういうことはありませんでした。ふれあい館で行っている識字学級とは何だったのだろうと、そのとき心から恥ずかしく思いました。

　在日１世の人たちは、正確な日本語を学ぶ機会はありませんでしたが、耳で聞いて覚えた日本語を話すので意思疎通はできます。ただ、ニューカマーの人たちは、日本語が全くできず日常会話が成り立たないときもあります。その人たちの悩みを聞いたり、問題解決のお手伝いをするといっても、日本語だけの世界では全く無理だということが、このとき改めて分かりました。外国人支援は多言語で取り組まなければいけないというのが今の課題です。

　2000年前後から、国際結婚したお母さんたちが本国に残してきた子どもを呼び寄せるということが急激に増えてきました。この状況も最初に相談を受けるまであまり知りませんでした。現在では桜本保育園で働いているクリスティーナさんというアルゼンチンの方が1994年当時、識字学級で勉強していました。1995年ごろ、１カ月ぐらいお休みした後に、若い男の人２人と女の子を連れてきて、一緒に勉強したいというのです。最初はクリスティーナさんの友達だと思ったのですが、話を伺ったらクリスティーナさんの子どもでした。子どもを呼び寄せるために１回アルゼンチンに帰り、15歳の双子と16歳の子と一緒に戻ってきました。当時、川崎市は、この子どもたちを昼間の中学に受け入れました。ただ、日本語指導のシステムがない時代だったので、学校の勉強が分からないから勉強を教えてほしいという相談があり、青丘社では外国につながる子どものための学習サポートに取り組むようになりました。

　2017年度の学習サポート利用者の総数は66名です。小学生、中学生、高校生、学齢超過者がいて、高校生は後輩の指導ボランティアもやってくれています。学校の中にももちろん日本語指導はありますが、外国人が急増しているので、川崎市の場合、学校のサポートは初期日本語指導１年と書いてありますが、今年は８カ月ぐらいに減ってしまっています。高校に入るときの勉強が分からない、また経済的に困難でなかなか塾に行けないということで、週２回ですが、小中学生の学習サポート事業も重要になってきています。

6　外国につながる家族支援

　外国につながる家族の問題では、子どもたちだけでなく大人の学習、家族支援という全体の視点が必要ではないかということで、今、取り組みを進めています。保護者の人たちには、ふれあい館の識字学級はありますが、生活に必要な読み書きの力（機能的識字力）がきちんと保障される場やシステムは、現状あまりないと思います。約170名がふれあい館に来ますが、彼らが自立して自分で読み書きできるまで勉強できるようなシステムではありません。以前から尊敬している山田泉さんという日本語教育のオーソナリティの研究者がいますが、例えば移民を受け入れるときに、初期の言語教育についてドイツでは600時間ドイツ語学習を保障します。専門家によって意見は分かれているようですが、例えば、かつて中国帰国者センターでは初期日本語教育が6カ月受けられましたが、そういうシステムを外国人向けに拡充していかなければいけません。川崎市でも民間が識字学級をやっていますが、それは市民ボランティアの力で運営されているにすぎません。きちんとした日本語識字教育がもっとシステム化されなければいけないのではないかと考えています。

　もう一つは、やはり経済的な貧困ということで、子どもの日本語教育、学習言語教育、そして高校に入っても中退せずにきちんと進路を目指せるような教育のシステムが必要だと思います。青丘社では、地域で新しく出てきたニーズについて、行政機関と協働事業という形で取り組んでいます。学習サポート事業もようやく区役所との協働事業になりました。翻訳通訳事業も川崎区との協働事業です。地域の外国人の現状からいえば、「日本における外国人・民族的マイノリティ人権基本法」というような外国人受け入れ総合施策が制定され、いろいろな取り組みができていかなければ、子どもたち、保護者、高齢者が幸せに生活することができないのではないかと考えています。

7　ふれあい館の歩みで大切にしてきたこと

　今日は、最後に国に向けてのことを言いましたが、ふれあい館や青丘社は、地域の中で「誰もが力いっぱい生きていくために」いろいろな地域実践をし、生活に寄り添いながら、新しいニーズにきちんと向き合い協働事業化し、そして共に変わり、新しい事業をきちんと発信してつないでいく、こうしたことを

大切にしながら、今後も日々の取り組みを進めていきます。

第5章　トークセッション「夜間中学について」

伊東クリスナ・長谷部美佳

（高桑）　伊東さん、改めてよろしくお願いします。長谷部先生は、このシンポジウムの第1回目のときにゲストの立場としてお越しいただいたことがあります。今年度から本学に着任されたということで、仕切ってください。よろしくお願いします。

（長谷部）　皆さま、こんにちは。明治学院大学の長谷部と申します。本日はよろしくお願いします。本日の主役は私ではなく、こちらの伊東クリスナさんです。今日はわざわざカンボジアの民族衣装を着て参加していただきました。伊東さんは、カンボジアの難民キャンプから日本にいらして、定住促進センターで日本語を多少勉強してから社会に出られたという経験の持ち主です。非常にエレガントに立っていらっしゃいますが、彼女は、カンボジア難民キャンプでカンボジア舞踊を先生に習った日本で唯一の方です。今年から後進の指導を始められたそうです。夜間中学にいらした経験があるということで、今日はそのあたりについてお話を聞ければと思います。

　神奈川県に、住民の3割近くが外国人という巨大団地「いちょう団地」があり、そこで毎年10月に団地祭りが行われているのですが、今年10月7日に行われた団地祭りで、彼女が指導した子どもたちが踊りを踊りました。また、ボランティア実習の学生が今年は2名参加してくれて、カンボジアの衣装を着て司会をしてくれました。お祭りの最中に私たちがチキンを売るのですが、これも伊東さんのレシピです。毎年これで私たちは収益を得ています。すごくおいしいです。来年お越しいただければ召し上がっていただけます。

　いちょう団地にはカンボジアの難民が定住していますが、その人たちが奥さまや子どもたちを呼び、かなり若い人たちが参加しています。その人たちがカンボジアの衣装をうちの学生に貸してくれました。

　それでは、クリスナさんのお話に移りたいと思います。まず、いつ日本に来たのか、日本に来た簡単ないきさつと、カンボジアでは学校はどのような

感じだったか、お話しいただけますか。

（伊東）　初めまして。伊東クリスナと申します。私が日本に来たのは1987年9月1日で、そのときはまだ15歳でした。なぜ9月1日かというと、私たちより前に日本に来た人は大体、冬に来たのですが、カンボジアは一年中暑くて雪も見たことがありません。冬に来ると日本はとても寒いということで、私のときはなるべく冬前に日本に来た方がいいと、難民定住センターの先生方が考えてくれたのだそうです。

　カンボジアはポル・ポトの時代があり、私は戦争で父親が殺され、カンボジアから逃げてタイの難民キャンプに入り、それから日本に来ました。そして南林間にある難民定住センターで、3カ月は日本語を学び、あとの3カ月は社会を学びました。社会に出たときにどのように近所付き合いをするか、どのように生きていくかということを学びました。6カ月たったら社会に出ないといけません。そこにはいられません。たった3カ月で定住センターで勉強した日本語は、社会の日本語と全く違いました。自分の中で今まで学んだ日本語と、外で話される日本語がこんなに違うなんて、どうして先生方はもっと社会生活で普通に使える日本語を教えてくれなかったのかと、すごくつらかったです。

　そして、本来なら15歳は学校に行ける年齢でしたが、家族3人で、お母さん1人、お父さんはいないということで、あなたは社会に出ないと生活が苦しいですよと言われ、当時の自分は逆らうことができず、言われたまま社会に出ました。社会に出て、寮に入り、仕事をしました。初めての日本、初めての文化の違い。日本は今となっては外国の方を受け入れる心が広いですが、30年前の当時の差別を想像してみてください。自分は戦争から逃れるために、平和のために逃げてきたのですが、自分の未来、将来、希望を、きっと日本に来れば望むままにできるのではないかと思っていたのですが、現実はそんなに甘くはありませんでした。

　戦争から逃げてきましたが、社会に出てからの今の生活は、心の中は、戦争よりつらかったです。まず日本語が話せません。ハエが飛んできたときも、「これ、日本語で何ていうの」と、形があるものは全て友達に聞きました。私は漫画の「ちびまる子ちゃん」を毎日読んで日本語を覚えました。「ちびまる子ちゃん」のセリフをカンボジア語にして、仕事に行ったときに、友達に「ちびまる子、こういうふうに言ったのですが、どういう意味？」と

聞いていました。

　それで少しずつ日本語を覚えていきました。でも、当時はボランティア活動などは全く何も知りませんでした。本当に会社に行って、帰ってきて、寮に入るだけでした。例えば自分が風邪をひいたときも、病院に行きたくても言葉がうまく言えないので、誰にも言えないまま、我慢するしかありませんでした。そして、先輩方に聞いたら病院も高いし、うまく先生に（症状を）伝えることもできません。難民の人はどんな病気でもパブロンを飲みます。どんな症状でも、具合が悪くなったときはパブロンを飲みます。

　15歳で日本に来て仕事をしながら、自分のやりたいことをやれないことのつらさが、だんだん自分の心の怒りになっていきました。誰にも言えず、自殺したいと思うことも何度もありました。でも、なぜ死ななかったかというと、戦争でつらいことがあって、母が一生懸命連れてきてくれたのに、このまま私は死んでいいのだろうかと思ったからです。

　なぜ死にたかったかというと、自分のやりたい仕事をできなかったからです。外国の方は、お弁当屋さんなどの流れ作業しかできません。違うことをしたいと思っても、「履歴書を持ってきてください」と言われます。履歴書の中には、自分がどこを卒業したか書かなければいけません。大体、履歴書を書いて持っていくと、そこで「ああ、無理ですね。学校も行っていないですね」と断られます。「じゃあ、しょうがないからこういう仕事はどうですか」と気を遣ってくれる会社もありますが、自分は生きるためにその仕事をやらないといけません。

　このまま生きていていいのかという気持ちで心が晴れませんでしたが、年月が流れて、日本人と出会い、結婚して、その晴れない気持ちはいったん消えました。自分は幸せで、家族も特に苦労していません。でも、ある日、その晴れない気持ちがよみがえったのです。子どもが大きくなって保育園に行き、小学校に入ったときに、「ああ、もし私が生まれ変わったら、うちの子どもみたいにちゃんと保育園とかに通える。学ぶってこんなに楽しいのに、どうして私は子どもみたいに学ぶことができないのだろう」という、つらい思いになりました。でも、誰にも言えません。自分は国際結婚だし、そんなにわがままは言えません。

　でもある日、思い切って主人に相談してみたのです。「私、結婚して幸せだけど、このまま生きていていいのかな。私はどうしても学校に行ってみた

い。でも、この年齢ではどこも受け入れてくれないよね」と、離婚覚悟で聞いてみたのです。主人もサラリーマン一本なので、そういう情報を全く知りません。「そうだね」しか言えません。でも、自分は本当に、1回でいいから小学校だけでも入ってみたいと思っていました。

　戦後のカンボジアでは、私は小学校2年生までしか行っていませんでした。当時は、学校といってもほとんど先生がいませんでした。戦争中にほとんど殺されて、少し読み書きができる人が地域の子どもたちに国語（カンボジア語）と算数を教えるだけでした。学校に行くといっても、日本のようにちゃんとランドセルを背負って行くわけではなく、小さいA5ぐらいの黒板と折れたチョークを持って毎日小学校に行っていました。午前と午後の2部制で、国語と算数だけで、いすも何もありません。地面に座って、屋根があるだけです。つらい思いをしました。何をやっても中途半端で、カンボジア語もそんなに勉強していません。私の故郷はどちらなのか。将来は日本にいるということは、日本語も読めないままでいいのだろうかということで主人に相談したら、多分どこにも入れないのではないかと言われました。子どもが小学校に上がって、お手紙があるのですが、読めても意味が理解できません。母親として、子どもの学校のお手紙も読み取ることができません。

　いちょう団地の外国人たちも、小学校や保育園のお手紙が全然読めません。子どもの音読も聞いてあげられないし、宿題も見てあげられません。私ではなくて違う人の話ですが、ある人が「宿題はお母さんに見てもらったの？　ちゃんと聞いたの？」と聞いたら、その子が「だって、お母さんは外人だから何も分からない」と言ったそうです。自分も分からないから両親に頼りたいのですが、両親は自分の子どもを見てあげられません。そのまま小学校に入り、付いていけない子は日本語が遅れたりします。遅れた子は国際というグループに入れられます。いじめではありませんが、子どもは素直なので、「あの子は日本語ができないから国際に行く」と言います。まだ1年生なら国際に入ることの意味が分からないので楽しく通えますが、4年生ぐらいになると、その子が両親に聞くのです。「どうして私を国際に入れたの？　私は日本で生まれたのに、日本語ができない人なの？」と。小学校で国際に入り、中学校でも国際に入ります。中学生になった子どもの心の中には、誰にも言えない部分があります。「どうせ私はばかだから、もういいです」と、中学校中退になったりします。

外国人は、まず日本の小学校、中学校、高校という意味が理解できません。例えばカンボジアの学校は小学校からなのですが、テストに受からないと学年が上がりません。でも日本は、点数が低かろうが何だろうが、みんな小学校6年になって、卒業して中学校に行きます。中学校も3年生まで行きます。しかし、中学校3年になったときに分かれ道があります。夜間中学校と、日中の高校です。そこを理解できる保護者が少ないのです。

　自分の話に戻りますが、主人に聞いたときは、本当にどうにもならないという思いでした。でも、たまたまテレビで夜間中学校のことをやっていたのです。年配の日本の方が、戦後いろいろな家庭事情で勉強できなかったので、夜間中学校に行っているというのをテレビで見た瞬間、早く主人が帰ってこないかなという気持ちがあふれました。そして主人が帰ってきたときに、「今日テレビを見たんだけど、夜間中学校があるんだよ。どこにあるか分からないけど、調べてみて」と言ったら、地名も分からないのにどうやって調べるのだと言われました。

　その後、たまたま友達と話していて、「日本語が読み書きできないと、日本で生きる意味がないよね。小学校に入りたくても入れない。中学校に入りたくても入れない。高校に入りたくても入れない」という話をしたら、友達が「高校に入れるよ。夜間中学校も入れるよ」と言ったのです。「でも、高校に入るには中学校の卒業証明書がないといけない。夜間中学校はどこにあるの？　この前テレビで見たけど、地名を覚えていない」と言うと、友達が「横浜にあるのよ。横浜」と言ったので、その日は早く朝にならないかなという思いでいっぱいでした。

　朝になっても、あまり早く電話しても学校は朝忙しいからと思って我慢して、10時に夜間中学校に電話してみました。「私は実は戦争で勉強できなかったのですけれども、お友達からここのことを聞いて、どうしても入りたいのです」と言いました。そうしたら「いいですよ」と言ってくれたのです。その瞬間に、未来が見えたというか、本当に明かりが見えた思いでした。

　そうしたら、向こうから「どこに住んでいるのですか」と聞かれたのです。「大和です」と言うと、「大和？　あー、無理です」と言われて、どうして？と、頭の中が真っ白になりました。「大和だと行けないのですか」と聞いたら、「大和に住んでいる住民は横浜の夜間中学校には入れない」と言われました。なぜ大和の人間は勉強できないのか、パニックで何も言葉にでき

ずに「はい、分かりました。失礼します」と言って電話を切りました。日本はその地域、地域の学校があるのだと、そのとき初めて知ったのです。本当に長い長い一日でした。我慢できずに主人がいる会社に電話して、「大和の人間は中学校に行けないのです。あなた、日本人だから電話して何とかしてくれない？」とお願いしました。日本人同士ならまだ話しやすいのではないかと思ったのです。主人が電話してくれたのですが、やはり駄目と言われました。

そこで主人と考えて、ふと、「ああ、私が引っ越しすればいいのだ。そうしたら夜間中学校に入れる」と思いました。でも、冷静になって考えると、引っ越しはいろいろ大変です。まず国際結婚ですし、引っ越した先で自分が夜間中学校に行って、その間、誰が子どもの面倒を見るのか。両親に頼むとしても、初めての孫で、3年も通わないといけませんし、何かあったら自分のせいです。もうこの道はない、また諦めるしかないと思って時間だけ流れて、でも夢を諦めたくないと、また考え出したりしていました。

ある日、私は風邪をひいて、お産をした病院に行きました。何でも相談に乗ってくれる先生だったので、「先生、夜間中学校に行きたいのに、日本は横浜じゃないと行けないんだよね」と言ったのです。「えー、そんなことがあるの」「そうなのです。実は私、つらいんです、先生」と、いろいろ話していたら自然と涙が出てきました。先生は「日本人は冷たいんだよ。しっかり病気を治して、また考えよう」と慰めてくれた後、「そんなに行きたいのだったら、よし、俺のところで働くことにしておくよ」と言ってくれました。この子を何とかしてあげたいという思いが見えて、本当に今もどう恩返しすればいいのか分かりません。先生がそこまでしてくれるなんて、信じられないという思いでした。

家に帰ってきて、両親に報告した後、すぐに夜間中学校に電話しました。「クリスナです」と言うと、「またこの人か」みたいな感じがありましたが、「ちゃんと横浜で働けるようになりましたので、今度は何とかできませんか」と言うと、「それならできますよ。今度面接に来てください」と言われました。今まで学校はどういう場所かと想像しながら苦労してきたけど、本当に自分の夢がかなうのだ、早く学校に行きたい。きっと私が行く夜間中学校も、テレビで見たようにたくさん生徒がいるのだろうなと夢があふれました。入学式に行くと、生徒はたった10人でした。フィリピンが1名、カン

ボジアが3名で、あとはベトナムと中国でした。最初は先生かなと思っていたのですが、生徒でした。

　でも、自分はきちんと学ぶことができるのだという思いで、夜間中学校に通うのが楽しみでした。毎日子どもを預けて家を出て夜間中学校に通うことに責任も感じました。国語や算数などがあるのですが、まず自分の中で不安だったのが日本語です。中学校に入って付いていけるのかなと。それから年齢です。私が31歳で一番年上で、まだみんな16歳とか18歳とか、若いのです。先生も名前を呼ぶとき、何とかちゃん、何とか君と呼べるけれど、私になると止まるのです。何と呼べばいいのか、気を遣ってしまって。

　授業は、自分が思っていたのと全く違いました。先生が生徒に向かって精いっぱい教えてくれると思っていたのですが、実際には教科書がなくて、プリントだったのです。「はい、どうぞ。分からなかったら聞いて」と言われて、若い人は「先生、分からないんですけど」と聞けますが、自分はいい歳になってみんなと同じことができないのです。先生は日中も生徒を教えているので、きっと夜になるともうくたびれているのだろうなと。最初は、この勉強だったらボランティアのところでの勉強でいいのではないか、中学校に通って3年後、両親に何と言えばいいのかと思って、またつらかったですし、自分が思っていたことと全然違うというのが一番つらかったです。

　勉強して社会に出て、社会の役に立ちたいという思いと、何もできない自分が社会に出てもという思いで、毎日、自分で自分に話し掛けながら3年間通いました。楽しかったのは体育の時間だけです。算数は、計算の仕方がちょっとカンボジアと違って、答えは一緒なのですが、どこから計算すればいか分からなくて難しかったです。恥ずかしくて先生にも聞けません。でも、だんだん、恥ずかしくても何でもいいから、自分は31歳だけど、みんなと同じ15歳だと思って、思い切って聞いてみよう、先生が眠そうだったら起こしてやるという思いが強くなっていきました。2年生になると、そういうふうに自分の心を変えて、このままでは本当の勉強ではない、高校に行ってみたい、本当の勉強はどうなのだろうと思うようになって、先生が寝そうでも起こして聞くようにしました。先生も時には「勘弁して。休ませて」みたいなこともあって、本当につらい夜間中学校でした。

　でも、学校では、あまり勉強はできなかったけれども、運動会や音楽の時間、体育の時間に一つ一つ、うまく言えませんが、そうやって学んで社会に

出ていくということをすごく勉強させてもらいました。毎日、「先生、私は本当に高校に行けるの？　このままの勉強で高校に行けるかしら」と、勉強よりも頭は高校でした。先生が「どうにか付いていけるから大丈夫」と言うのですが、どうにかって、どうなるのでしょうと、本当に不安だらけでした。

　夜間中学校に通って勉強しながら毎日生活していく中で、何人とか関係なく、外国人だけでなく、日本人でもいろいろな事情があって学校に付いていけない人のために、夜間中学校をもっとたくさん広げればいいのにと。だんだん怒りも出てきました。よくニュースを見ると、よその国にお金を出すのに、そんなお金を出す暇があったら、夜間中学校をつくったらどうなのだろうと、主人とよくけんかしています。そんなところです。

（長谷部）　本当は質問形式でお話を進めようと思ったのですが、あふれる思いがおありになったので、今日はクリスナさん1人にお話しいただきました。この後は休憩を挟んで3名が登壇します。その後にクリスナさんにご質問がある方はぜひ質問していただければと思います。取りあえずいったんこちらでお話を終わらせていただきます。クリスナさん、熱い思いを聞かせていただきまして、どうもありがとうございました。

第6章　パネルディスカッション
「多様な人の学びの保障」

パネリスト　関本保孝
　　　　　　原千代子
　　　　　　伊東クリスナ
（進行）　長谷部美佳

（高桑）　それでは、第二部に入りたいと思います。登壇者を交えての全体討論です。MCは長谷部先生にお任せしたいと思います。よろしくお願いいたします。

（長谷部）　お三方、今日は本当に貴重なお話をありがとうございました。先生方からはすごく体系的なお話を伺うことができました。最後に伊東クリスナさんからは体験談ということで、長年、先生として関わられた関本先生とはまた違った目線のお話を聞くことができました。学齢超過の年齢の人たちと、学びをどう保障していくかということが、とても重要なことだと、伊東さんのお話を聞いて実感していただけたのではないかと思っています。

　まず、パネリストの皆さんから、他のパネリストの方に質問やコメントがあれば受け付けていきたいと思いますが、いかがでしょうか。

　では、原さんからお願いします。

（原）　クリスナさん、ご自分のつらい体験を人前で話すのは大変なことだと思いますが、お話しいただき、ありがとうございました。本当に学びたかった、学校に行きたかったという思いがすごくよく分かりました。関本先生は、まさにその夜間中学校の増設運動と保障をやってこられたと思います。私は在日1世の人たちと関わってきましたが、出会ったときには彼らは既に70歳を超えていて、高校に行かれた方もいましたが、すごく少数でした。ですから、これまでずっとふれあい館や青丘社で取り組みを続けてきましたが、こういうつらい思いをした人たちについて、もっと早くにきちんと制度化されなければいけない、ただそれはどのぐらい進んでいるのだろうかと、改めて思いました。

（長谷部）　ありがとうございます。関本先生がお話しされていたように、夜間中学校は現状で8都府県に31校あるということです。先生方がすごく運動されていると思いますが、今後はどんどん増えていきそうな見通しでしょうか。現実にはなかなか増えなかったというお話もありましたが、今後、もっとさまざまなニーズを捉えられる場として増えていった方がいいのではないかと思うところです。現状のお話をもう少し膨らませていただけるとありがたいと思います。

（関本）　国全体の枠組みとしては進んできたと思います。それは、一つには2016年12月に義務教育機会確保法ができたことがあります。それを踏まえて文部科学省として基本指針を出して、中身はいろいろあるのですが、各都道府県に最低一つは夜間中学校をつくるということで、今年の6月には閣議決定でそれを追認しました。法律もでき、国としても最低1県に1校つくるといっています。

　　　ただ、国の法律・指針の弱点というか、これは理念法なので、縛りをかけるわけではありません。都道府県に絶対に1校つくらないと法律違反で罰せられるとか、青森県に1校つくらないと罰せられるというものではなく、理念なのです。ですから努力というか、責務はあるのですが、実際には県ごとに取り組みを進めなくてはいけません。しかし、協議会が作られているところもほとんどありません。そこが難しいところです。われわれはその法律と国の指針を水戸黄門の印籠にしていますが、絶対的なものではありません。今日、会場に来てくださっている澤井さんは神奈川・横浜の夜間中学校を考える会の事務局長でもあって、神奈川県では全国でも非常に強力に運動をやっています。

　　　この間、鶴見や厚木でもえんぴつの会ができましたが、日本の中高年の方や新渡日の若い外国人などがたくさん勉強しています。海老名でも9月からえんぴつの会ができて、同じように中高年日本人と新渡日の方々が勉強しています。神奈川県では去年12月から1カ月、文科省のお金でニーズ調査を行い、横浜、川崎を除く31市町村で、160名の方が夜間中学ができたら通いたいと回答しました。神奈川県はそれを踏まえて2018年度に、今後どこにつくるかを絞り込みたいという、非常に踏み込んだことを言ってくれました。相模原は県のニーズ調査で56名と最も多くの方が手を挙げたということで、相模原市独自に夜間中学のニーズ調査をやっています。このように全

国的にはすごく盛り上がっています。ですから、この盛り上がりを強くすれば、やがて夜間中学ができる可能性が高まっていくのではないかということで、大和市で夜間中学の映画を上映しました。クリスナさんには上映会に参加し、講演もしてもらいました。大和市教育委員会にも後援してもらいましたし、議員さんも呼びました。

やはり何が圧倒的に問題かというと、市民の認知度が低いことです。夜間中学は定時制高校ですかとよく言われます。こういう実態があるのか、これほど重要なのかということは、クリスナさんの話を聞けばよく分かります。ですから、全般的に土壌をどんどん耕して、裾野を広げて認知度を上げていくことが、今、決定的に重要ではないかと思っています。

（長谷部）　ありがとうございます。先ほど先生がおっしゃったように、やらなかったから何か法律的に罰があるわけではないという話と同時に、制度にはどうしても限界があって、作っても作ってもどこかであふれてしまう人がいることもあると思うと、例えば地域のボランティアや、ふれあい館のような法人と一緒にやっていくことも必要ではないかと思います。そこで原さんに、川崎のふれあい館と夜間中学で何か一緒にやってきた取り組みがあれば紹介していただければと思います。あるいは、何か歴史的に関係があるということであれば、お伺いしたいと思います。

（原）　私も関本先生を昔から存じ上げていますし、夜間中学の取り組みや教育の保障はとても重要な課題だと捉えています。ただ、クリスナさんはご家族の理解があって通われたという話がありましたが、既に生活者として日本で生活を始められている方たちは、必ずしも毎日学校に行けない、行くのはかなり厳しいということもありますし、クリスナさんのお話で難民定住センターで初期日本語教育を3カ月やって、3カ月は生活のことをやったけれどほとんど役に立たなかったというのも胸が痛かったのですが、私が川崎区の現場で会う人たちは、日本語がゼロのままお弁当工場の夜勤の仕事をやっていたりします。そのように生活が向上できないサイクルの人たちも多い中で、やはり夜間中学は大切ですし、いろいろな成人教育の機会のシステムが増えていくことが重要ではないかと捉えています。

既にお母さんになった人たちが高校まで行くのは現状は難しいかもしれませんが、もう少し地域の学びの場をといっても、ふれあい館が連携している識字学級は川崎市の教育委員会の授業なのです。川崎市の教育委員会は、全

区7区全ての市民館に昼と夜の識字学級もつくっています。つくったきっかけは1990年の国際識字年の理念です。つまり、人権保障という意味合いで識字・日本語学級を設置していったのです。その取り組みは、いまだに全国的に見て先進的といわれています。というのは、自治体がそうやって場を保障して日本語教育をやっていること自体が、日本全国の中でなかなかないのです。ですから、ふれあい館だけではなく、各学級がもう20年ぐらいになっています。ずっと恒常的にやらなければいけないと思うのですが、一方その営み自体も非常に少なすぎるのではないかと思っています。週1回やる場所は保障されているにしても、予算はボランティアの交通費補助がほんの少しぐらいなので、そこにしか行く場がない人にはつらいです。あるいは今、定住ビザを持っていれば、1カ月に5万円出せば日本語学校に行けますが、1カ月に5万円の月謝を払って日本語を習いに行ける人というのは、どういう人だろうと思うのです。やはりそういうところが、生活者の人にとっては非常に課題ではないかと思います。

　青丘社と夜間中学は、教育の機会を保障していくとか、義務教育を受けられないことが問題だという形で、川崎に夜間中学をつくる会も市民運動のころから交流がありました。全体的には、関本先生は夜間中学の増設運動を頑張っていて、青丘社は地域を中心にした営みで頑張っていて、ということで、いろいろな取り組みをしている人たちがいるのですが、今の日本の社会は結構分断されている気がしていて、そのために、あまり社会を変えていくようなエンパワーメントになりにくいという感じがしています。

（長谷部）「分断」というのは、市民運動が分断しているということでしょうか。それとも、受ける社会の側が分断しているので市民運動が伝わりにくい状態になっているということでしょうか。あるいは全く違う意味なのか、「分断」のあたりをもう少しご説明いただけるとありがたいのですが。

（原）　やはり日本の外国人受入政策は、在留資格の中ですごく分断されるような形での受け入れになっていると実感しているのです。例えば、在日韓国・朝鮮人1世の人が勉強できなかった問題などがそのまま放置されて、それが解決されないうちにニューカマーの人が来て、川崎区にフィリピンのお母さんが20年間いても、自分の住所と名前をカタカナや漢字で書けない人が現実的にいるわけです。

　私は長らくこのことに関わってきて、一生懸命やってきたつもりなのです

が、どこまでそれが社会全体のシステムを変革できる営みになっていったのかというのが非常に疑問です。実際、今日の皆さんの話を聞いて学ぶところも多いのですが、普段はなかなか、それぞれのことに忙しくて会うことができません。それぞれ本当に頑張っている人がたくさんいて、それなりのネットワークはあると思いますが、そのことだけでいいのだろうかと。今後のことを考えるときに、今日クリスナさんがご自身のつらい思いなどをおっしゃって、私が関わってきた在日1世の女性たち、もう亡くなった人たちが多いのですが、彼女たちから聞いた話と非常に共通性があって胸が痛くて、それはそのままでいいのだろうかと改めて思ったということです。

（長谷部）　ありがとうございます。それぞれの活動は活発になってきているけれども、結局、クリスナさんの問題と、在日1世のおばあさんたちの問題と、もしかしたら今の若い子たちの問題も実は変わっていないのではないか、そうすると、この活動が社会をどう変えていっているのかが不安だというところをご指摘いただいて、それはそのとおりだと思います。

　その前に、関本先生の話の中に「えんぴつの会」というのが何度か出てきています。ご存じの方もいると思いますが、改めて、えんぴつの会のことをご説明いただければありがたいと思います。

（関本）　私の経歴は先ほどお話ししましたが、1978年から1991年3月まで墨田区の曳舟中学にいました。今は統廃合で文花中になっています。日本語をメインに教えていましたが、実は社会も若干教えていました。1980年代は在日のハルモニが結構いました。曳舟中学にも上野から来たりして、10名ぐらいいて、二つのクラスがあったのです。それで、小学校にも行ったことがない方が圧倒的に多くて、3年では足りないということで、留年してもらおうと。校長には、その人が卒業する力がないと認定する権限があって、ということは留年させる権限もあって、それを使って1年、2年、3年と留年させる。ただ、職員の中でもいろいろな意見があって、1980年代末に話し合った結論が、正規の学習期間を5年、聴講生を2年で、合わせて7年というのが、そのときの落としどころだったのです。その後、聴講生の制度はなくなってしまったので5年ということで、文花中は今でもそれを継承しているみたいです。

　それを終えても、年配で小学校にも行ったことがない在日の方たちは十分な力が得られないということで、ただこれは職員会議でそういう方向に決ま

ったことだから、どうしようかと。当時、私は墨田区に長くいて、墨田区の鐘ヶ淵の駅の近くにある多聞寺で子ども劇場とかをいっしょにやっていた、そこの住職さんをよく知っていたのです。結構有名な、社会に開かれたお寺なので、そこの住職さんに相談したら、勉強会をやるならうちの一室を使っていいという言葉を得ました。そして1990年11月から多聞寺学習会を始めたのです。夜間中学に行きたいけれども夜は行けないという人、在日の人や、主に曳舟中を卒業した人でしたが、それに限らず足立四中からも来ていました。週に2回やって、それがずっと続いて、私はもういなくなってしまったのですが、その後もずっと、さざんかの会に名前を変えてあったのです。その住職さんの奥さんも元高校の先生でいろいろサポートしてくださったり、市民の方も熱を入れてやってくださっていました。

　しかし、2003年に曳舟中が統廃合になって、100～200m隣の吾嬬（あずま）第三中学校があった所に文花中ができて、旧曳舟中はもう使わなくなってしまったのです。それで、山田洋次監督の映画「学校」の登場人物のモデルになった見城慶和先生がちょうど退職するときで、見城先生が校長に働きかけ、校長が区役所に働きかけて、そこの1階の教室を特別に借りることができたのです。そこで2003年から、多聞寺にあった学習会と合流するような形で、えんぴつの会ができました。見城先生は戦前生まれの方で、鉛筆をこんなに短くなっても使っているものですから、それが雑誌に載ったことから「えんぴつの会」という名前で始まりました。私が4年前に退職したときから場所が少し変わって、さらに今は東京スカイツリー駅から10分ぐらいの向島言問会館を区役所が無料で貸してくれているのでそこを使っていますが、このえんぴつの会はもう15年たちました。

　夜間中学を卒業しても継続して学習したいという方や、今は高齢になって夜は行けないけど昼だったら週2回通えるという在日の人も、しばらく通っていました。あるいは新渡日外国人で日本語を勉強したいという方もいましたし、あまり垣根を作らずにやっていたのです。それがえんぴつの会で、それをまねしてというか、のれん分けして、つるみえんぴつの会が7～8年前にできて、数年前には、あつぎえんぴつの会もできて、そして今度は、えびなえんぴつの会ができたのです。

　自主夜間中学といっても、墨田の場合は、墨田文花中学という立派な区立の夜間中学があります。ただ、そこを卒業したり、毎日は通えない人のため

のものを同時にここでやっているわけです。あつぎえんぴつの会や、えびなえんぴつの会は、公立夜間中学がないので取りあえず学びの場を提供するということですが、あつぎえんぴつの会は、同時に議会に対して、ぜひ夜間中学の設置を検討してほしいということもやっています。

　来年、川口や松戸でも30名以上の公立夜間中学ができますが、そこは夜間中学ができても自主夜間中学はそのまま存続します。というのは、卒業してももっと勉強したい人たちや、毎日は夜間中学に通えない人などいろいろな方がいるので、同時並行の形で全体として、より広く多くの方に学びの場を提供しようということです。北海道の札幌遠友塾自主夜間中学もそうです。ふれあい館も含めて、日本語のボランティアも含めて、圧倒的に学びの場が足りない中で、いろいろなニーズに応えていく場として、こういうものが求められているのではないかと思います。

（長谷部）　もう一つ関本先生に伺いたいのですが、先ほど原さんから、社会の分断、社会が変わっているのだろうかという疑問が提示されました。そのあたりは長年関わってこられて、今でも同じ問題があるのか、それとも少しずつ改善しているのか、どのようにお考えになるか、一言だけコメントを頂けますか。

（関本）　すごく複雑だと思うのです。私も新宿の方で、東京の日本語教育を考える会をやったときには、職安通りの3階で会があって、下を見たらヘイトスピーチのものすごいがなり声と機動隊がいて、仲良くしようグループがいたりして、それに3回も遭遇したのです。それで一昨年の6月に国会でヘイトスピーチ対策法ができて、条例も今、大阪と東京でそれに近いようなものができて、一定のブレーキになっています。世界的な潮流としても民族排外主義的なものがあって、それが日本にも連動しているという部分もあります。

　一方で、多文化共生の取り組みも進んでいます。川崎は歴史はかなり長いですが、それぞれの地区ごとにやっています。多文化都市宣言を出している立川のようなところもありますし、新しい外国人と住民で共に生活していくのだという意味合いから、そういうことをやっているところもあります。21世紀は外国人が増えるけれども、減ることはないだろうというのが一般的な認識です。ですから、外国人と共生し、外国人にいろいろな教育の場を提供することによって、本人のみならず社会としても非常に前進できるという意

見も増えてきていると思います。ですから、そういう肯定的なものをうまく広げながら、否定的なものについては、いろいろな機会に、どういう意味を持つのかということを国民に広げながら、大それたことはできませんが、夜間中学という窓から少しでもそういうチャレンジができればいいと私は思っています。

（長谷部）　今、ヘイトスピーチの話が出たので、これは原さんに川崎の話を聞かないわけにはいかないという気がしました。もう一つは、原さんの話の中で市民ボランティアが減っているという話が出てきました。多分それはどこのボランティア組織でも同じで、日本語を教えているところ、外国人を支援しているところがあって、多文化共生という盛り上がりがある一方で、市民ボランティアが集まらないという現状があります。そのあたりについて、何か今後こうしていったらいいというお考えがあればお聞かせいただきたいと思います。いちょう団地については、私も多文化まちづくり工房というところで一緒に活動しているのですが、いつもボランティアが足りないということで頭を悩ませているのが現状です。

　ヘイトスピーチのことと、ボランティアというか支えていく人をどうやって育てていけばいいかという2点について、何かお考えがあれば、お願いできればと思います。

（原）　ヘイトスピーチについては私も今日の話の中で触れたかったのですが、時間が足りませんでした。ご存じのように、新宿をはじめ全国各地でヘイトスピーチは行われていますし、1週間前には川崎ではなく鶴見でも行われようとしていました。私は今、鶴見区に住んでいて、たまたまヘイトスピーチを見に行ったのですが、実際はカウンターの人たちが集まっていて、ほとんど演説もできない状況でした。そうやってカウンターの若い人たちも差別を許さないということですごく頑張っています。

　ヘイトスピーチの人たちは特に川崎を攻撃してきます。青丘社もふれあい館も攻撃の的ですが、特にふれあい館は、外国人のそういう問題をやるメッカだといわれているらしいです。川崎市は教育方針を作るのも早かったですし、取り組みを先進的にやっていたからこそ、川崎市のふれあい館が問題にされているということです。ヘイトスピーチをやる人側の意識としては、あそこの取り組みをつぶせば自分たちの主張が通るのだという構造があるらしく、そのことを見据えなければならないと思っています。

自治体や政府などの公的な部分が、きちんと人権保障をしていくとか、外国人の人権を認めて多文化共生のまちをつくっていくということについて、やはり彼らは許せないと思うのです。私はヘイトスピーチのデモが川崎に押し寄せてきたとき、年甲斐もなく走って、四つ角で機動隊に守られながら、デモの人たちが入りそうなのをどうにか止められたのですが、そのときに走りながら思ったのは、40年間ぐらいこの問題に私も関わってきて、なぜまたこんなに後戻りしたのかということです。それも朝鮮人を殺せとか、出ていけとか、死ねとか、そんなことが許されていいのだろうかということがあります。そういうことが許されないとかということではなくて、関本先生の運動や、クリスナさんがつらい思いをして生きてきた、みんなのそれぞれの20年、30年、40年が、きちんと大切なものとして生かされなければいけないと思うのです。

　ボランティアの人が川崎区で減っている背景には、みんな生活が大変で、若い人たちがボランティアをやる余裕がないという社会状況があります。地域格差がすごくあって、固定してきています。例えば、私はおととい、麻生市民館の識字ボランティア入門講座に識字の問題で話しに行きましたが、北部では10分で受付が終っています。それだけそこにボランティアをやりたい人がいる、それだけ市民社会の意識は成熟してきたといえると思います。そのことを否定的に見る必要は全くありません。

　ただ、川崎区が在日韓国・朝鮮人の多住地域で、外国人労働者が増えてきているのは、そこに働く場があるからです。日本政府がビザを作ったから来たわけではなく、働く場があって、元々労働力が必要で入ってきているからなのです。私もオーバーステイの労働者の人とずっと付き合ってきましたが、彼らは最初は労災の保障もありませんでした。労災の保障は市民グループが勝ち取り、1990年代からそれこそ新宿の大久保を皮切りに、オーバーステイの労働者がものすごく追い出されていきました。ですから、やはり考えなければいけないのは、日本の外国人受入施策の在り方というか根幹の部分です。差別を許さないとか、人を傷つけないとか、みんながそれぞれ積み上げてきたものを、きちんと大切なものとして、発信しながらつながっていく必要があるのではないかと思います。

　ボランティアを増やすというのは、私たちもすごく努力していますが、なかなか難しいというのが現状です。一方で、青丘社の事業の中で今一番重要

だと思っているのは、次世代を担う外国につながる人たち、2世代目以降の人が、きちんと教育の権利を受けて、教育の場で育っていき、その人たちがそういう営みをつないでいくということです。そういう意味で、クリスナさんと今日ここでお会いできたのはとてもうれしかったです。明治学院大学の学生さんもふれあい館の学習サポートの場に来てくれていますし、他の大学でもそういう営みがたくさん始まっています。私たちがふれあい館を始めたころは、大学の実習として地域に来るということはありませんでした。私が40年前に桜本保育園に行ったときは、朝鮮史の先生に差別の現実を学びに来なさいと言われたので、無償ボランティアで当たり前でした。そういう時代だったのです。しかし今は、あえて言わせてもらうと、人権問題を訴えるだけではなく、制度やシステムが必要だと思っています。私たち、やってきた側の人間としては、システムや制度、法律を作り、次世代の人たちが当たり前のように多文化社会を築いていくような礎を作っていくことが今の一番の課題であり、まだまだ元気に頑張らないといけないと思っています。

（長谷部）　ありがとうございます。では、少し話題を変えて、お二人から伊東さんにもっとここが聞きたかったということや、何か質問はあればお受けしたいと思います。

　私から補足しますと、ちょこちょこ話に出てきたご主人ですが、本当にいい方です。先ほどお見せした、フライパンを持って鶏肉を焼いている写真の中にご主人がいました。顔は写っていません。うちの学生がカンボジアのドレスを着て司会をやったというお祭りでは、お嬢さまがアプサラという天女の踊りを披露されたのですが、そのときもお父さまが衣装から何から世話をして、いつも付いてきてくださっていました。とても素敵なご主人です。そういうご主人にいつも電話していたのだということが初めて分かって、なるほど、こういうご夫婦だから、きちんと中学校にも通い、高校にも行き、少しだけ短大も行ったり、いろいろなことをして、本当に努力されてこられたのだということが伝わりました。

　それから、ご両親と言っていたのは、ご主人のご両親です。同居されていて、お兄ちゃんお一人、お嬢さんお二人をおじいちゃん、おばあちゃんがとてもよく面倒を見て、ご本人もいろいろなことをされているということです。

　パーソナルヒストリーをちょっと暴いて（笑）みましたが、他に何か足し

たいところはありますか。

〔伊東〕　今日、家を出てからも、夜間中学校について本当のことを話した方がいいのか、それとも褒めて話した方がいいのか、すごく悩んでいたのです。長谷部さんに今日のことを聞いたときから、どういうふうに話したらいいのかと。でも、人のためには絶対に本音で話した方がいいと心に決めて、ここに参りました。

　今もいちょう団地には外国の方がとても多くて、ご両親は外国の方なのですが自分は日本で生まれているという子もいて、複雑な気持ちです。私は今、近くの保育園でアルバイトをしているのですが、日本人は1割か2割で、ほとんど外国人なのです。担任の先生はもちろん日本の方ですが、ベトナムやカンボジア、中国など、いろいろな国の人がいて、たまに小さい子どもから「伊東先生ってどこの国」と聞かれます。たまにカンボジアの国のことを話すと、「何語だったの？　英語？」と聞かれるので、「いや、カンボジア語だよ」「え、じゃあ何人なの？」「カンボジア人だけど、あなたは？」と、本当は聞いてはいけないのですが聞いたら、「私は日本人。だって日本で生まれているもん」と言うのです。

　難民の人だったらまだ日本語が何となくできますが、今は呼び寄せなどが多いので、小学校の授業参観や懇談会のときには、自分のことが心からうまく言えないという子のカンボジア語の通訳ではありませんが、たまにお手伝いをしたりしています。でも、そうやって見ていると、小学校や中学校でいろいろな場面があって、やはりご両親が外国人でうまく教えられないと、中学校になって不登校になったりします。その子が不登校して何をしているのかというと、たまたま保護者に会うたびに、学校も行かず家の中にこもったままだと言います。

　中学校卒業後、高校に行きたいのですが、行く勇気もない。小学校から通信中学校に通っても、やはり途中で自分で頑張らないといけない。今の時代の子たちもこんなにつらくて、未来が見えないではないかと思うとすごくつらいです。本当にあの子たちの行き場所を作ってあげないと、背中を押してあげないと、未来が見えないのではないか。そのまま社会人になったら、きっと何かトラブルに遇うと思います。

　話がいろいろ飛んでしまいますが、私が15歳で日本に来る前に、カンボジアのある家族が、やはり日本語をうまく言えないということがありまし

た。3カ月だけ日本語を学んで社会に出たときに、周りは日本人で、会社に行って文化の違いが大きいのと、お料理の匂いというのもあって、お弁当を持っていくと、このお弁当くさい、まずいとか言われて、怒りがある日突然、限界になって、事件を起こしてしまったのです。その人はご両親がいないから、難民定住センターの先生方が難民の人をお参りに連れていって、お線香をあげました。当時、私はまだ15歳でしたが、話を聞いていると、やはり日本語ができない、うまく伝えられない、私はこういうふうにしたいということがあるのに言えない。それで、ばかにされて、心も何もかもぼろぼろになって、限界になって、子どもを3人殺して、奥さんが入院していたのですが、それも病院に行って殺してしまった。何があったというと、やはり言葉なのです。

　そういう事件を防ぐためにも、やはり学ぶ場所があった方が、子どもの未来のためにも、社会のためにもいいと思います。本当につらい思いをさせたくないので、そうやって背中を押してあげる人、ボランティアの方が、ぜひ、励ましてあげるではないけれど、今、自分も悩んでいて、いちょう団地にいるのですが、やはり子どものお手紙が来ても見てあげられない。今やっと早川秀樹さんの主催する多文化まちづくり工房が、外国人のために日常生活でも何でも、お手紙を持ってきたらそれを見てあげるということをやってくれていますが、現実にはみんな仕事に行って、早く帰ってきて子どもの夕飯を作らないといけませんし、それでまたボランティアに行くとなると、会社も休まないといけないという現実があります。ですから、そのお手紙を誰が見てあげるのかということで、今、本当に悩んでいます。

（長谷部）　ありがとうございます。当事者はもちろん、本当に皆さまそれぞれ、いろいろな思いで活動されていらっしゃることが手に取るように分かります。ここでそろそろ、皆さんもこれが聞きたいということがたくさんあるでしょうし、クリスナさんにもっと話を聞きたいということもあるかと思うので、フリーで構いませんので挙手していただいて、ご質問を受け付ける時間にさせていただきたいと思います。もちろんクリスナさんだけでなく、関本先生や原先生にも質問いただければと思いますが、いかがでしょうか。ご所属とお名前をお願いします。

（高倉）　本学の社会福祉学科の高倉と申します。関本先生にご質問です。まず、たくさんの資料をありがとうございました。とても分かりやすかったです。

私は特別支援教育が専門ですが、最近、夜間中学に関心を持って、勉強し始めたばかりです。

　青い表紙の「夜間中学ガイド」という本が出されていて、あれを読んで勉強したのですが、質問が四つあります。一つ目は、大阪に夜間中学の特別支援学級があると書いてあるのですが、これはどういうことなのかということです。ご存じでしたら教えてください。

　二つ目は、クリスナさんの話でプリントを渡して先生は寝ているという話がありましたが、ちょっと信じ難くて、はずれの夜間中学だったのではないかと思いまして、それに絡んで知りたいことがあります。夜間中学は中学校の二部学級だとすると、普通は教員配置は校長先生の判断だと思いますが、夜間中学の教員配置は夜で特殊なので、例えば教育委員会がやっているのか、そこら辺の教員配置の仕方について教えていただければと思います。

　3点目に、夜間中学の先生は、かなり専門性が求められるのではないかと思います。例えばクリスナさんの話に出てきた、状況の理解だとか、心理的な理解のような専門性が高い領域だと思うのですが、専門性の蓄積や研修はどのようになっているのか。各夜間中学がそれぞれ蓄積しているようなイメージを勝手に持っているので、研修等について教えてください。

　最後は、教育課程についてです。中学校にあるので、中学校の教科や領域に従ってそれぞれの授業時数が定まっていると思いますが、夜間中学はそういうわけにはいかないと思います。普通の中学校のカリキュラムでいけるわけがありませんし、そうしない方がいいと思いますが、教育課程が法的にどのようになっているのか教えてください。

（関本）　まず1点目ですが、大阪には夜間中学の特別支援学級があります。亡くなりましたが、夜間中学の天王寺中学にいた河田馨先生たちが訴えてきて、今から6〜7年前につくられました。1978年までは養護学校は就学猶予免除ということで義務化されておらず、そういう人たちも夜間中学に来ていたのです。全く学んでない人、車いすの人も含めて来るのですが、学校によってはかなり来るということで、そうすると特別にそういう人たちに対する対応が必要だと。その大前提には、全国夜間中学校研究会が1978年から要望書を国に提出するようになったということがあります。

　簡単に言うと、普通学級の二部というのは普通の夜間中学ですよね。特別支援学級というのは普通は全日制なので、それの二部があってもいいだろう

という理屈です。文科省との交渉の中で、文科省はそれはあり得るということで、大阪府教委、大阪市教委の系列でそこを突き合わせていき、これは法律の枠内のことである、可能であるということになって、今、正確に何カ所かというのは言えませんが、大阪の数校の夜間中学で、特別支援学級が夜間に作られています。夜間の普通学級と夜間の特別支援学級があるということです。特別支援学級ができるとどういう特典があるかというと、専任が1名増員されます。実際には夜間中学として、同じ職員室で、同じ組織でやっているので、1人でも専任教員が多くなれば、そういう人たちに対するカリキュラムの対応ができるということで、これは非常に意味があることだと思います。

　二つ目の教員配置は、非常に大きな悩みの種です。全国夜間中学校研究会は毎年1回、11月末または12月にやっていますが、定数が一番少ないのは確か大阪の文の里中学校で、専任教諭2名、専任講師1名です。それから市川市の大洲中学校は専任が3名です。多いところは、東京の普通学級では7名と決まっています。兵庫県の3校については、専任教諭と専任講師が合わせて8名いますが、3校は分校扱いです。でこぼこがあって、どうしてこうなっているかということで今年6月に全国夜間中学校研究会が聞いたそうなのです。実は私も去年聞いたのですが、夜間中学の場合も昼と同様の配置をしているということでした。例えば昼の超小規模校で1年、2年、3年の単学級の場合はどうなっているかというと、学校全体で1学級のときには義務標準法に基づいて4名の専任配置で、2学級の場合は係数が3になって6名配置で、3学級の場合には係数が2.667になって8.001で、端数は切り上げるので9名配置です。そこには校長や副校長とかも入っています。義務評準法にほぼ従ってやっているのは兵庫と東京です。文科省の内規としては昼と同じように配置しているけれども、ところがこれは、文科省からもらった配置を各県レベルで教育困難校に渡すなどということが条例に基づいてできる構造になっているのです。そういうことを文科省の方からも聞いています。ですから、総生徒数が30名いる、9名はぜいたくだというようなポリシーがあるとすると、そこの県の教員配置数が少なくなっていって、でこぼこができるわけです。

　ですから、認知度を高め、役割を評価してもらうというのは、全部リンクしてくるのです。東京、兵庫は比較的標準ですが、横浜は4年前までは専任

第 6 章　パネルディスカッション「多様な人の学びの保障」

がゼロでした。そういう中でのクリスナさんの話なのです。昼に目いっぱいやっている専任の先生が部活の合間に来るから眠いのです。英語も数学も 2 週間に 1 回しかなくて、1 日に 2 時間ぐらいちょろっと勉強するだけです。学校によってはボランティアの人がメインで、ボランティアの人が生徒に教科書を買って教科書を回し読みさせます。それでわれわれが澤井さんたちと一緒に神奈川・横浜の夜間中学を考える会を作り、これは法律違反だと訴えてきて、議員さんも取り上げてくれて変わったのです。これは国のお金で、市のお金はびた一文入っていません。ですから、県レベルの夜間中学に対する評価度によって大きく変わるということです。残念ながらそういうものになっているので、国に対してそれをもっと訴えなければいけません。昼はそんなことはあり得ないので、夜間中学についても最低限の標準的な定数を作ってほしいということを、全国夜間中学校研究会でも申し入れているところです。

　3 番目の専門性については、確かに自分よりも年齢が上の両親ぐらいの人、あるいはおじいちゃん、おばあちゃんのような人もいますが、ひらがなや九九が分からなくても人生経験をいっぱい持っていて、学ぶところがいっぱいあるわけです。ですから、そういう人たちに対する尊敬の念を持ちつつ、その経験も生かしながら教えるということをしないと、本当にその人たちの実態に応じた教育活動はできないと思います。それは一朝一夕にできないということで、文科省は今年度、夜間中学の日本語教育についての研修制度を戦後初めて作り、東京と大阪で 1 回ずつ研修を行いました。来年度も概算要求をしています。遅ればせながら、それは第一歩だと思います。それぞれ、東京だったら東京で東京都夜間中学校研究会が毎月部会や研修をやっていますし、全国夜間中学校研究会も今年 11 月 29 日、30 日に荒川区で行われて全国から教員が集まるということです。パーフェクトではありませんが、全国あるいはそれぞれの地域でやっていますし、関西の方では関西 4 府県で近夜中協という組織を持っています。

　最後は教育課程の問題ですが、文科省は法律を踏まえて大きく転換しました。去年の 3 月末に法律を踏まえた基本指針を出し、夜間中学に対して特別の教育課程を施行するようになりました。例えば 2014 年には、日本語教育についての特別の教育課程ということで 10 〜 280 時間、必要になればもっとということになりました。それから今、全国で 10 カ所ぐらい不登校学級

の特別の教育課程があります。東京でいうと、高尾山学園と、東京シューレ葛飾中学校という私学があります。それらは手を挙げないと駄目ですが、夜間中学は教育委員会に申請なしで、全て特別の教育課程です。極論を言うと、70代の全く学校に行っていない方に中学校の教科書で授業をやるというのはとんでもないことなので、小学校の勉強を99％やって、あとの1％は英語のABCを勉強して、それでも卒業証書を出していいというところまで現状追認したのです。それが現時点で、大きく現場重視の変更をしてきました。

（高倉）　特別な教育課程が認められたというのは知っていたのですが、それまではどういう扱いだったのでしょうか。

（関本）　それまでは黙認です。実は2年前までは、小学校を卒業しないと中学校に入れなかったのですが、2年前の5月に、中学校以上の年齢なら小学校を卒業していなくても昼の中学校、あるいは夜間中学に入学してもいいという通知を出したのです。ばかげているといえばばかげているのですが、小学校に行った経験のない70代、80代の人に、とにかく小学校に入ってこいということはあり得ません。学校教育法の中に、中学校教育は小学校6年の教育の上に立ってやるということが書いてあって、前川喜平さんの話によるとそれを非常に杓子定規に解釈していたということですが、それを正式に取っ払ったのです。そういう通知がまず2年前に出してあって、法律ができて、去年の3月末に基本指針も出して、特別の教育課程も施行してということで、一言で言うと現状追認です。違法ではないというところに今来ているということです。

（元森）　明治学院大学社会学部教員の元森と申します。社会学部付属研究所特進プロジェクトのメンバーとして、先日、ふれあい館にも伺わせていただきました。

　勉強を重ねていく過程で思っていたことであり、今日も強く思うことなのですが、義務教育を拡充していくことが大事である一方で、そのスキームの中で考えていくことの限界もすごく感じています。卒業資格を得ることがこの社会で生きていく上で重要なので、義務教育を受けられなかった人たちに何か保障していくことはとても大切だと思いますが、一方で現実的なニーズとしては、先ほど原先生がおっしゃっていたように、多様な場を作っていくことを、義務教育を受けられなかったという枠よりも、むしろ成人教育や生

第6章　パネルディスカッション「多様な人の学びの保障」

涯学習という枠組みでやっていく必要があるのではないかと感じます。そのような点に関して、それこそ分断の話がありましたが、ある程度連動して何か訴えていくような動きはあるのでしょうか。また可能性はないでしょうか。皆さんに伺いたいと思います。

（原）　地域日本語教育は、川崎市教育委員会は場所と予算の保障で継続しているということですし、今、文化庁は生活者としての地域日本語教育に力を入れていますが、全国各地の空白地域をなくすことに力を入れているので、今までやってきたところが継続するかどうかというと、私から見てもあまり施策がないという印象があります。私も日本語教育アドバイザーとして新しく立ち上がったところに行って、いろいろな形で補助をしていて、それは自分の勉強や全体的な見識を広げることになっていますが、印象としては、国際交流協会がある程度活発に活動している地域は地域日本語教室がそれなりに継続しているけれども、文化庁の地域日本語教育は予算が3年までなどと決まっていて、それ以降だとできなくなっているところもあるというのが、一番の課題ではないかと思います。

　私はその場に行っていなくて聞きかじりなのですが、私の尊敬している山田泉さんなどが中心になって、きちんとした日本語教育が保障されるべきだという市民運動もありますし、東京外大のことから多文化ソーシャルワーカーのことなど、いろいろ私もインターネットで出ている情報を見たりします。市民運動レベルでは、在日韓国・朝鮮人問題の最初の人権保障のころは全国民族差別と闘う連絡協議会（民闘連）という組織があって、神奈川でも民闘連の組織は続いていますが、制度上の差別をなくすという市民運動ではなく、生活問題や教育問題など実態の問題のところをやっていく市民運動については、今は市民運動よりもNPO法人の形で事業を続けていこうという流れの方が、非常に多くなっていると思います。

　ただ、例えばいちょう団地のようにまちづくり工房があって先進的なところであっても、その事業をこれからどうやって存続させるかというのが、どの団体も今、結構課題になっています。世代をつないでいくとか、組織を受け継ぐということの課題を、現状として重く感じています。

　私たちは、教育問題については、神奈川県下でいえば多文化共生教育ネットワークかながわ（ME-net）や鶴見のNPO法人ABCジャパンなど、特に集住地域で活動をやってきたところのネットワークを強めて、単体で川崎や

横浜、鶴見でやるのではなく、なるべく共同事業としてやろうという形で模索しています。しかし実際には、例えば文科省の定住外国人の子どもの就学支援事業など、大きな予算が動いたときは共同事業になりますが、そういうシステムがなくなったときには、またもや地域に帰って目の前のことを一生懸命やるという構造になってしまっているので、その辺が一番の課題ではないかと思います。

（関本）　私は、日本語教育推進基本法を早く作るべきではないかと思っています。2016年12月に教育機会確保法が通りましたが、その1ヵ月前の2016年11月に、夜間中学議連のメンバーとかなりかぶった人たちが、馳さんなども含めて、日本語教育推進議員連盟を作りました。今、馳さんがいろいろなところで講演をやっていますが、かなりいろいろな自治体や関係者から声を集めて日本語教育推進基本法の文案を作って、来年、通常国会で成立させたいと言っています。もちろんそれだけではバラ色になるとは思えませんが、文科省がいくらいいプランをやっても、財務省がOKしなければそれは全く意味をなさないわけです。財務省を動かすためには、法的な裏付けが必要です。今はまだ教育予算がGDPの2.9％しかなくてOECDでビリだと。これを上げていくには、財務省を説得しなくてはいけません。

　夜間中学の教育機会確保法が通ったおかげで、予算額がだんだん上がりつつあります。大きな枠組みとして、アメリカではESLという移民に対する英語教育があり、大学院で英語教育を修得した者に免許が与えられます。ニュージーランドでは移民に対して何ドルと法的に決まっていますし、ドイツでは600時間、ただしドイツ語の検定試験に受かることというのが法的に決まっています。そのように方法として法的な裏付けがないと非常に不安定で、一時的な予算で終わってしまうので、やはりそこを目指すべきではないかと思います。日本語教育学会や日本語教育関係者、研究者には大変期待していますし、そういう方向に進んでいく必要があるのではないかと思います。

　それから、成人教育、生涯教育なども必要ですが、実は10月7日に愛知淑徳大学の小島祥美先生と岐阜県の可児市国際交流協会に招かれて講演をしたときに、「なぜ東海地方に夜間中学が必要か」というテーマを与えられたのです。愛知にも、岐阜にも、三重にも、静岡にも夜間中学がないのです。可児市では何をやっているかというと、可児市も岐阜県も補助を出して、義務教育年齢を超えた義務教育未修者が、10月末の中卒認定試験に合格する

ような支援をしているのです。そのデータも頂きましたが、大部分が受験で合格できません。4月に「あいうえお」から勉強して、10月末に5教科です。社会では室町時代も出ていて、受かるわけがありません。そうすると、諦めて仕事に行ってしまって、恐らく非正規で働いているというのが現状です。ですから、夜間中学がうらやましいというメッセージなのです。日本のシステムでは、高校に行くためには中学の卒業証書が必要です。夜間中学を出るか、とても難しいが外国人も中卒認定を受けるか、どちらかしかありません。東海地方は大変な思いをしているので、私みたいな人を呼ぶわけです。

　この前、韓国に行って、基礎教育保障学会と全国文解（むね）・基礎教育協議会で交流しましたが、向こうは大学や高校を卒業して研修を受けると、文解教育士という資格を持つのです。文解教育機関のための国の検定教科書は実質的にはNPOが作っているらしいですが、その教科書を使って文解教育機関で何年間か出席率をそれなりに取って、卒業すると、中卒資格を持つことができて、高校を受験できるのです。ただ、私は2カ所見ましたが、両方ともスタッフが20人前後いるのですが、専従でやっているのは3名だけで、あとはボランティアなのです。しかも、1年間の補助は1教室に対して250万ウォンです。日本円だと大体ゼロを一つ引いた金額なので約25万円です。それを3教室やっているということで75万円で、100万円いかないわけです。ですから夜間中学にも見学に来たことがあるぐらいで、夜間中学は昼の教員と同じように身分が保障されているのでうらやましいと言っていました。韓国は絶対数として文解教育機関で約9,000人いるので裾野は広いのですが、向こうは向こうでそういうことを言っています。

　歴史も違うので何ともいえませんが、今は法律ができて国もそういう方向を出しているので、やはり夜間中学を増設して、ただ、それだけは足りないので、他のところとも連携しながら、お互いに補うような取り組みをネットワークでやっていくことが大事ではないかと思います。

（坂口）　明治学院大学社会学部の坂口と申します。本日はありがとうございました。クリスナさんは、夜間中学を卒業された後、高校に進まれたという話は長谷部先生の話で伺いましたが、誰が背中を押してくれたのか教えてください。

（伊東）　夜間中学校では自分の思うような勉強ができなかったので、2年生の

ときから、本当の勉強をしてみたいという思いが強くなりました。家族には、最初は夜間中学校を1年間だけでもいいから行かせてとお願いしたのですが、入ってみると自分の思いと違ったので、そこでまた家族に、どうしても本当の勉強をしたいので高校まで行かせてくれないかと相談しました。そこで希望ヶ丘高校という名前があって、希望というのが自分の心と一致したので、家族に、2年生から精いっぱい頑張るので、夜間高校をもう4年、行かせてくださいとお願いして、希望ヶ丘高校に入学しました。

　そこは試験もあるし、こう言ってはいけませんが、本当に本物の勉強ができました。年齢も若いし、右も左もみんな精いっぱい本当の勉強をしていて、私もそこで初めて本当の勉強ができました。日本語というよりも、授業に付いていくのが精いっぱいでした。夜間中学校では、時には教科書もありましたがほとんどプリントだけでした。でも高校では、テストのときに、本当にどこから始めればいいのか分からなくて、解き方が分からなくて、自分が誰よりも早く提出していました。それを提出したら、先生は最初に「随分早いですね」と言って、それからひらがなを見て、「えっ、できなかったの」と。でも高校の先生は本当に1年生のときから親切に、テストが始まる前に解き方とか、ここから始まるのだよということを教えてくれて、少しずつ勉強の楽しさが感じられるようになって、本当に高校に入ってよかったです。

　そこでも自分はクラスの中で一番年上でしたが、違うクラスには60歳や70歳、80歳の人もいました。その80歳の人が、卒業後は大学に行くことが決まっているから、君もおいでと言ってくれましたが、やはり家庭を持っていて、子どもが3人いて、私が行くとサラリーマンの主人1人では払いきれないので、いったん諦めました。今は、自分の子どもたちに自分と同じようなつらい思いをさせたくないので、大学に行かせていて、一番上は大学2年生、下は大学1年生、真ん中は浪人中です。

（長谷部）　ありがとうございました。今日は体験談から政治活動まで、本当に幅広いけれども、多様な学びを何とか保障しようという共通の気持ちで動いている方々に来ていただき、お話ししていただくという会にさせていただきました。本当であれば、まだまだクリスナさんに話を聞きたいとか、もっと原さんの活動について聞きたいということがあると思いますが、今日は非常に長丁場でしたので、このあたりで会を閉めたいと思います。ありがとうございました。

第3部

学びの場を求めて

第7章　故国からの脱出、キャンプでの舞踊との出会い、日本での学び
伊東クリスナさんとの対話

長谷部美佳・野沢慎司（編集）

　「内なる国際化」プロジェクトが開催した2019年10月20日のシンポジウム（前掲）の後、2019年12月11日の午後に、登壇者のお一人である伊東クリスナさんを明治学院大学横浜キャンパスにお招きした。そして、シンポジウムでは充分にお聞きできなかったご自身のご経験について、改めてお話をうかがうことができた。当日は、本学教員の長谷部美佳、野沢慎司、および渡辺祐子（途中参加）が長時間にわたって詳しく生活史をうかがった。この章は、そのときの録音データの文字起こし原稿を、高桑光徳（同じく本学教員で本企画の立案者）の協力を得て、長谷部・野沢が再構成し、編集したものである。

　伊東クリスナさんは、1972年カンボジア生まれ。幼少期はポルポト時代で、その時期に父を亡くす。その後、内戦時代に、カンボジアの将来に不安をいだいた母親の決断で、タイの難民キャンプへ脱出。3年の滞在ののち、1987年に日本へ。現在は近隣の保育園で、仕事をする傍ら、地域のカンボジアの子どもたちに、伝統舞踊を教える活動を続けている。日本人男性と結婚、一男二女の母。

本国からの脱出

（伊東）　お母さんが、カンボジアに住んでいたらきっと未来がないということで、私たちに内緒にしてカンボジアから逃げたのです。子どもに言ってしまうと、友だちとかに言ってしまうので。あの当時は海外からのニュースを聞いてもいけなかったのです。でも、ちゃんとわかっている人はラジオで聞いていた。だから、「3日分だけ洋服をまとめておばさんのうちに行こう」と言われて。気軽に「はい、じゃあ車に乗って」と言われました。その後、すぐ目的地に行くのではなく、お芝居みたいに転々として、タイの国境の近くまで行きました。そこでちょっと暮らして、そこの住民たちに、自分たちは

本当に遊びに来たと信じてもらえるようにしました。私はカンボジアから逃げようとしてる人間ではないふりをして、普通に。そこへ行って、1週間たっても、2週間たっても帰らない。おばさんといっても、自分は全然知らない人でした。お母さんは、「あんたは小さいから知るわけがないでしょう。お母さん側だから。お父さん側のおばさんではないから」と言って、私は「なるほど」と思ってました。友だちにも「さようなら」と言わずに来てしまいました。ただ不思議だったのは、お母さんが「おばさんのうちに行こう」と言ってきて、その1時間後に、おばあちゃんがずっと泣いていたのです。時には「クリスナだけ置いていけ」みたいな声が聞こえました。「どっちか置いていきなさい。お父さんの形見なのだから。2人連れていってしまうと、私は生きている意味がない」と。たった3日間なのに、おばあちゃん、どうしたんだろうな、と思いました。自分はまだ11歳だったから、気づきませんでした。

カンボジアへ送還されそうになりながら、命がけで難民キャンプに到達し、何とかタイ領内のカオイダン難民キャンプにとどまった伊東さん。日本への出国まで、3年ほどキャンプで過ごす。キャンプ内では国連機関をはじめ、多くのNGOなどの民間団体が支援活動を行っていたが、その中で、日本の団体が主宰していた、カンボジア舞踊教室に通い、本格的に師匠について舞踊を修めた。一方で学校に通うことはなかった。

キャンプで舞踊を学ぶことを選ぶ

やっぱり難民キャンプの中で、つらい思いを乗り越えるためには、人ってやはり学ぶということが大事ではないですか。結構いろいろ、JVC（日本国際ボランティアセンター）とか、保育士とか、小学校とか、あとは文化を守っていく、伝えていくというのは舞踊ですね。そういうことを練習しながら、JSRC（現シャンティ国際ボランティア会）という日本のグループの方が学ぶ機会を作ってくださって、そこで学びました。難民キャンプの中でつらい思いばかりではなく、できる方はタイの国の中でちょっと演奏に行ったりもしました。

母が難民キャンプの中で、洋服を作っていたのです。収入がないから、洋服を作ると、それで少しいろいろな物をもらえるから。難民キャンプの生活はものすごく厳しくて、週お米何合とかが一世帯あたりで決まっている。それでは足りないから、洋服を作って、それと交換で何かもらっていました。たまたまそこで、お母さんが洋服作りを人に教えていて、その人の娘さんが舞踊を習っていたのです。「娘さん？」と聞かれて、「はい」と答えると、「こんな顔ですか」と言われたのです。「こんな顔」と言われて、じゃああなたはどんな顔なのですか、と思いました。「もっときれいだったら舞踊に誘ったのにな」と言われて、「えー、私、そんなひどい顔ですか」と（笑）。それで悔しくて、よし、私、絶対に舞踊の道に入ってこの人を乗り越えようと思って、舞踊を始めたのです。

（野沢）　タイのキャンプの中では、そういう学校のようなものはあったのですか。
（伊東）　学校はありましたけど、自分が舞踊の道を選んでしまったので、小学校には行かなかった。
（野沢）　舞踊か学校かという選択肢だったわけですか。
（伊東）　そうなのです。舞踊は、ものすごく母が反対しました。「人生、踊って生きていくものではないのだから、字を学びなさい、学校に行きなさい」と言って。
（長谷部）　言われたのだけど？
（伊東）　だけど、行かなかった（笑）。

　キャンプ滞在3年が経った頃、母が定住を希望して申請したアメリカやオーストラリアよりも早く許可の下りた日本へ。大和市の定住促進センターに入所、日本語指導などを受けた後、就職することになる。

定住促進センターでの生活を経て日本での就職へ
日本に来て、そこ（定住促進センター）で6カ月間生活します。3カ月は日本語を学んで、残った3カ月は社会の勉強というか、近所のお付き合いとか、そういうことを学んだり、時には新宿まで「遠足」みたいなこともありました。その当時、あまり日本の方は難民という存在を知らなかったのです

ね。週末は大きな駅に行って、パンフレットといいますか、難民を受け入れてくださいというチラシを配りました。受け取ってくれる人もいれば、取ってすぐ捨ててしまう人もいました。取ってくれて、「頑張ってくださいね」と言ってくれる日本の方もいました。最初はわからなかったのですけど、その後は、チラシを配る時には難しいと感じました。あまりうまく表現できませんが、「こんなに受け取ってくれないの？ この国は」ということをすごく感じました。日本に来る前は、きっと日本に行ったらいろいろなことを学んで、仕事して、幸せに生きていけると思っていました。でも、自分の考えが甘かった。現実には、15歳で来て、3カ月は日本語を学んで、3カ月で、まだ何も知らないうちに、いきなり社会にぽんと出て、家族とも別れて。それまでのつらさと、我慢して仕事をしながら生きていかないといけないというつらさがありました。会社に行っても日本語がわからないし、周りは全部日本人。さっき言ったように、外国人からチラシを受け取ってくれる日本の方もいれば、きっと意地悪ではないと思いますけど、「何で外人がこんな所にいるの？ さっさと国に帰ればいいじゃない」と、言葉には出さなくても雰囲気を感じることがありました。でも、同じ寮の中で私のことをわかってくれて、こっそり、自分の仲間がいない時に「あまり気にしないで頑張ろうね」と励ましてくれる人もいました。でも、その励ましてくれる人が、もし仲間にその姿を見られると嫌われてしまうので、複雑な思いでした。

戦争で父が殺されてしまって、結局、きょうだい3人いる中で、母が女性1人で働いて子ども3人育てるのは無理、生活は絶対できない、と言われました。母は本当は私を学校に行かせたかったのですね。本来なら私はまだ学校に行ける年齢だったのです。でも戦争があって、内戦があって、お兄ちゃんが精神的にちょっと弱く、兄の代わりに私が社会人となり、兄が学校に通うというふうに入れ替わりました。それも自分の運命が悪かったというか。そこで社会人となり、会社の寮で、仕事をしたくなくても・・・。仕事っていろいろあるじゃないですか。この仕事は自分がしたい仕事だ、とか。でも、そういうのではなく、やりたくない仕事でも我慢してやるしかないという状況でした。本当に流れ作業なのですけど、ゴム（製品製造）の会社でした。寮があって、そこで働いていました。朝から晩まで座って、機械が流れていて、無言でやって。たまたまこの会社に、カンボジア出身の自分と年齢の

近い女性がいて、「あなたにとっていいんじゃない？」と勧められて、その会社に行きました。ただ残念ですけれども、あまりそういう親切な人ではなかった。ただ無言で働いていました。母が恋しくて、わずかな距離なのですけど、たまに母のいるところに遊びに行ったり、時には自分がくたくただから仕事を休んだりしました。その後は色々なことが少しずつわかってきて、会社のカンボジアの人とは、うまくやってはいるけれども、ちょっと距離を置いた方がいいかなと思い始めました。逆に、日本人と仲良くなることができました。そう、イトウさんでした。女性なのですけれども、付き合っても、絶対に二度と口を利きたくないくらいの喧嘩をして、またその2日後は仲良くなったり、という感じでした。誰のせいということではなく、自分の力で頑張っていけば頑張っていけるのでしょうが、やっぱり人それぞれではないですか。ある意味では、15歳で学校に行けたら、自分はもっと違う人生、違う生活が送れたのではないかなとは思います。いろいろ複雑な心の中で、今になって自分はようやく、少しは「よし」みたいな気持ちになれます。時には引いていく、難しい気持ちですね、波のように。本当に15歳の時には、自分は戦争から逃げてきて、もうちょっと面倒を見てくれるのかなと思っていたのですけど、実は自分の力で頑張っていかないといけなかった。人間って頑張れるのですけど、誰かが後押ししてくれるではないですか。その押してくれる人がいないから、生きていく意味があるのかなと考えていたことは、すごくつらかったですね。何度も何度も「死んだ方がいいんじゃないの」と。「死んだ方がいいんじゃない」と思った中では、学校に行けないつらさが一番つらかったですね。

その後、日本人男性と知り合い結婚。一男二女をもうけた伊東さん。子育ての最中、子どもが学校に行く様子を見て、自分も学校に行きたいという気持ちが生まれてくる。そこから夜間中学へ行くまでの経緯は、シンポジウムでの伊東さんの登壇部分（本書第5章）に詳しい。ここでは、学校に行きたくなった動機と、その後について伊東さんの語りを見ていきたい。

子育てと学校

15歳で日本に来てから、今はもう30年たちましたけど、人生いろいろあって、自分はようやく幸せな家庭ができています。でも、子どもが幼稚園に入

るようになると、(園から)手紙がくるのですよね。そうすると子どもも何となく遠慮するのですね。お母さんは外国人だから漢字が読めないだろうと。自分は母親なのに、子どもの面倒を見られないという、そのつらさがまたありました。そうすると、自分はそれでいいのかな、と考えます。「自分はそれでいいのか」という思いが繰り返し出てきて、それを主人にぶつけたりしました。死ぬ前に、学校というのがどんなところか、1回行ってみたい、と。1回でいいから学校に行かせてほしい。

自分が学校に行きたかったという気持ちがあったけど、1回心の中にしまいました。でも、しまった心がまた少しずつ動き出して、やはり、生きていくには学ぶということが必要だと思いました。それで、学校ってどんな場所だろうなと。カンボジアでも通ったのは小学校2年生までで、私の小学校にはテーブルも何もなかった。地面に座って、本当にノートもない、鉛筆もない、あるのは自分の体だけ。小さい黒板と折れたチョークを持っていっていました。カンボジアの小学校は、午前中と午後の2部制で、日本みたいにしっかり勉強しません。日本では、子どもが小学校に入ると、本当にいろいろあるではないですか。国語、社会、算数、生活とか、体育とか。初めて見て、すごいなと思いました。子どもの運動会も、こんなに楽しいのだというのがあって。だから、変な話、焼きもちみたいですね。

だから複雑な思いでした。本来なら運動会は楽しく参加するのだけども、半分うれしく、半分は「私もできたらいいのにな」という気持ちでした。もう1回どこかで、子どもが座っている側でも、学校の中のはじっこでもいいからいさせてくれないかなと、いろいろな思いを、生きながら感じてきたのです。

　伊東さんはその後、夜間中学を卒業し、夜間高校へ進学、地域でのカンボジアコミュニティを支えるボランティアなどに活動の幅を広げる。高校卒業後、短大進学も目指すものの、途中で断念、現在は外国籍の園児が9割という地域の保育園で働いている。

保育園で働く

　(高校卒業後)本来ならまた勉強したいのですけど、やはり家庭がありますので。子どもが3人もいるし、ちょっと学費が高いので、自分も行ってしま

うとすごく大変になると思いました。（高校の）先生も絶対に行った方がいいと勧めてくれました。大学を見に行く機会もあり、その時に「あー、いいなー」と思いました。自分は行きたいけど気持ちを抑えて、子どもの卒業後、もし余裕があったら、そして自分の脳もまだ回転するようなら行くという気持ちでした。夜間高校に通いながら、地域のボランティア活動をやっていて、その時、長谷部先生と出会いました。そこのボランティア活動が、保育園とつながっていたのです。

（長谷部）　何年前だったか、もう忘れてしまいましたね。保育園にいらしたので、保育の方の学校に、大学とか短大とかに行ってみたいと思われたのですよね。

（伊東）　そう、それで、夜間高校に行きながら長谷部先生と出会って、そこで子育てサロンに行きながら、長谷部先生から電話で「保育園にバイトに来ない？」と言われた時に、本当に抑え切れない気持ちで、パニック状態でした。「本当にいいの？　自分が、今までやりたくてもできない、そこに行きたいけれども行けない、そう思っていたところに入れるの？」みたいな感じでした。ずっと先生が出会いというか、人生を導いてくれたから。だから保育園に入れたのですけれども、今度は自分の責任が重くて、何もわかっていないまま仕事をしていいのかなと悩んでいます。だから、時にはすごく、日本はいいな、日本の子はいいなと。同じ戦争があっても、戦後、国がちゃんとこうやって、国民が教育を受けられるようにしました。自分はカンボジア出身ですが、カンボジアではずっと戦争です。生まれた時から戦争。今は戦争が終わっているのだけれども、結局学べない。だから時には、日本で生まれた日本の子どもはいいな、日本の国はいいなと思ってしまいます。戦争があっても、ちゃんとそういう整理をして、国民が幸せに暮らしていけるようになりました。だから、保育園の仕事をしながら、これでいいのかな、もう少し何かした方が良いのではないかと・・・。資格が必要ですけれども、自分には100％無理なのです。読み書きが乗り越えられない。

（長谷部）　資格を取得するのがやはり大変なのです。

（伊東）　はい。その前から自分は覚悟していて、テストに受からないのはわかっているのです。でも、保育士はどういうことを学ぶのかということに興味があって、通信課程に通ったのです。でも、楽しかったけど、やはり保育士は無理でした。よく日本の子は小さい時に、自分の子もそうですけど、小学

校の頃にいろいろな習い事しますよね、ピアノとか。通信に通ったら今度、音楽も覚えないといけない。音楽の授業になったら、指1本でこうやって鍵盤を探していて、先生に「伊東さん、指1本じゃないですよ」と言われました。実際は、視線は子どもに向けながら、手はこれですよと教えないといけない。そんなことをどうやってやるのですか、と思いました。ピアノも覚えないといけない、字も覚えないといけない。とにかく、いろいろ勉強することがあって、結局テストが受からない。いくら通信で勉強してもダメで、それでやめてしまった。でも、自分はテストに受からないことは覚悟していたから、どういうことを学ぶかということだけでも知っておきたかった。資格を持たなくても、いつクビになってもいいから、知るだけ知っておいた方がいいかなと思ったので、通信に通いました。

（野沢）　通信課程で勉強したことの中には、役立つことがかなり含まれていますか。

（伊東）　やはり、そうですね。例えば、園庭で遊ぶ時に、子どもがどうやって遊ぶとか。ただの遊びではなく、いろいろ保育園の中でも回っているので、3歳児とか0歳児とか、色々な年齢の子どもを見ないといけない。おむつを替える時もあります。おむつはわかっているのですけど、子どもを3人も育てているので。

（野沢）　経験は豊富ですよね。

（渡辺）　先日、昔お世話になった保育園の園長先生にお会いしたのですが、今は保育士が見つからなくて本当に大変だとおっしゃっていました。先生たちが少ない。見つかっても、9時から16時までしか働いてもらえなくて、でも子どもたちはその前から来るし、19時ぐらいまで延長保育するではないですか。だからその時間は、保育士なしで、職員で対応するのですよね。

（伊東）　だから、本当は通信課程に通っていた時に、園長先生が、もうゴールは目の前だけど、保育士の資格だけ持っていてもしょうがないから、幼稚園と保育士の資格を両方、一緒に取った方がいいよとおっしゃいました。福祉員の制度もなくなってしまうからと言って。自分の人生は、どんどんどんどん、山のてっぺんまで登っていくような気分でした。えー、さらに山のてっぺんに行くのかと思いました。今の保育園に最初はアルバイトで入っていて、まだ夜間高校に通っていました。たまたま自分のグループに定年になる先生がいて、すごく声を掛けてくれたのです。定年になる人の代わりとして

第7章　故国からの脱出、キャンプでの舞踊との出会い、日本での学び：伊東クリスナさんとの対話

「福祉員として入らない？」と言ってくれて。「えー、アルバイトのままの方が、まだ責任が軽くていいかな」と考えて、「福祉員の方は責任が重いな、自分の経験もないし」と悩みました。でも、「大丈夫、大丈夫」といっていろいろ教えてくれて、温かい先生方が声を掛けてくれて、今、一緒に働いている。だんだん自分の夢に近づいていると思いました。過去にいろいろあって、福祉員として声を掛けてもらった時、自分はやっと日本の社会に入れる人間になれたのだと。今まで難民として何もできなかった人間が、やっとそこに入れるのだと言う思いがありました。普通なら、そのまま仕事をして、ただそうしながら生活をするけど、やはり自分の思いが、やっと日本の社会が私を認めてくれたという思いが強かったです。「え、本当にいいのかな？」みたいな気持ちでした。そういう気持ちがあったので、市役所に行って、子どもの担当の係のところに行きました。あと、園長先生と面接したり、論文も書きました。福祉員になれて、自分の責任がちゃんとあって、すごくやりがいがあったのです。でも突然、その福祉員が・・・。

（渡辺）　制度上なくなるのですか。

（伊東）　もうないです。今、毎日、複雑な思いで保育園に行っています。福祉員の制度があった時は、7時半から8時半までが自分の担当でした。子どもを保護者が連れてきて、子どもを預かって、一緒に遊んで。8時半になったらお片付けをして、子どもの名前を呼んで、各クラスに連れていって担任に報告していたのですけど、今はノータッチなのです。福祉員は本来ならいないよという話なのだけれども、でもこの人たちは残してあげようと、組合とかが一生懸命頑張ってくれている。

（長谷部）　制度的なバックグラウンドがないということですね。

（伊東）　何というか・・・。

（野沢）　もう、そういう責任を持たせられない、みたいなことになってしまっているのですね。

（伊東）　はい。ですから、うろうろしたりしています。何をすればいいのかわからない。

（野沢）　アルバイトではなくなって、正職員ということですか。

（伊東）　嘱託です。でもいろいろな形の嘱託があるようです。

（渡辺）　不思議ですよね。この間までしてくれていたことができなくなってしまうと、子どもからしたら「あれ、先生どうしたの」となりますよね。

(伊東)　逆に、このような社会、このような制度だから、日本の社会でだんだん結婚しなくなってしまう人が増えるのかなとも思います。

(長谷部)　この制度だと、子どもを産んでも預けにくくなってしまうと思ったのですね。

(伊東)　そうです。だって、ものすごく厳しいのです。園長にもよると思うのですけど、今までは時間をペンで記録するだけでしたけど、今はタイムカード。昔は温かみがあって、お迎えにきたお母さんに「お帰りなさい」と、少し余裕があったら話してあげたりしました。でも今は、「早く園を出ないと、余分にお金かかるよ、お金がかかるよ。だから早く」みたいなことになっています。

(伊東)　だから、何かつらい。特にお母さんは必死に仕事に行っているのに、台風でも雨でも迎えに来るではないですか。かっぱを着ながら、とか。タイムカードがあっちにあって、子どもはこっちにいる。自分は近くにいるからタイムカードを押しに行ってあげられるのに、それもやってはいけないとかね。誰か1人にやってあげて、もしそれを他の人に見られたらどうするの、みたいな雰囲気です。

(野沢)　システムが硬直して、融通が利かなくなっている。

(渡辺)　システムに人間を合わせるみたいな感じ。

　制度の問題に悩みながら、保育園で働くという仕事を通して、日本社会で認められたと感じるようになったという伊東さん。自分の3人のお子さんへの期待と、同胞のカンボジア人の子どもたちに、自分が習得してきた舞踊を継承してもらう活動について、語ってもらった。伊東さんは次世代をどのように育てているのだろうか。

次世代への継承—自身の子ども、同胞の子どもたち

(野沢)　伊東さんのお子さんたちはどうですか。3人のお子さんたちは、日本で育って、どんなふうに将来を考えていますか。

(伊東)　そうですね。小学校からずっと、いつも子どもに言っているのですが、何をしても反対しないけど、人の役に立つような仕事をしてね、と。お母さんのためではなく、きっと子どもは子どもの道があると思うので、それを考えてほしいと伝えてあります。生きていくには、自分だけで生きていくので

はないので、今後、社会人になった時に、人の役に立つような仕事をしてほしい。このように小学校からずっと言っています。
（野沢）　まさに「Do for Others」（明治学院大学の教育理念）ですね。
（渡辺）　そうですねえ。「あなたの好きなように」としか言わない人もいますから、「人に役に立つように」というのは、本当に貴重な考え方です。
（野沢）　お子さんたちはカンボジアに行ったことはあるのですか。連れていったことはありますか。
（伊東）　娘2人は行っているのですけど、息子はまだ1回も行っていないですね。
（野沢）　カンボジアの踊りをやったお嬢さんもいるのですよね。言葉の面ではどうですか。学んだりする機会はあるのですか。
（伊東）　そうですね、小さい時は、よく話してくれました。まだ幼稚園に行く前ですね。何を話しても、普通の会話で、ちゃんと話してくれて。
（野沢）　カンボジア語で、ということですね。
（伊東）　なるべくカンボジア語を使っていました。でも幼稚園に入ると、自分を見て、「え、お母さん、外国の方？」みたいなことがあり、時には「お母さん、幼稚園でカンボジア語を話してこないでよ」といわれることもありました。
（野沢）　そう言ったのですね。
（伊東）　はい。でも、今になって子ども自身が後悔しています。
（野沢）　もうちょっとカンボジア語を勉強すればよかったということでしょうか。
（渡辺）　そうでしょうね。
（伊東）　でも、さっき私が言ったように、日本で生きていくには、そんなにカンボジア語は必要ないのかな、と思います。例えば、またカンボジアでお仕事をするのだったら、気がまた変わっていくと思うのですけど、今のところは必要なさそうですね。
（野沢）　なるほど。そうですか。今、誰かに踊りを教えたりしていますか。
（伊東）　ようやく、多文化まちづくり工房の早川さんのところで始めました。お祭りの日だけですが。去年から。カンボジア人の子どもたちに。でも難しいです。カンボジアのことを伝えたいのですけど、まだ小学校だから今はみんなついてきてくれるのですけど、6年生になると少しずつ引いていくみた

いな感じですね。部活にも入らないといけないし。やっぱり日本で生きていくには、別にカンボジアの舞踊を覚えなくても生きていけるという意識が強くなってしまうので、あまりみんな続けないですね。

（長谷部）　難しいのは、今教えている子たちというのは、日本で生まれて、ずっと日本で育った子たちなので、小さいうちは親がやりなさいと言えば、親も含めて全部カンボジア人なので言うことを聞いてくれる。でも、自分がちょっと大きくなってくると「いや、私たち日本人だし」みたいなことになってしまって、会話も全部日本語だし、だんだんカンボジアの言葉でしゃべったりするのが嫌だという時期が来る。そうなると、「何でそんな踊りをするのか」という気持ちが出てきてちょっと冷めてしまって、日本の子と同じように部活をやるのが良くなったりするのですね。

（野沢）　じゃあ、今来ている子たちは、まだ年齢が幼い子たちですか。

（伊東）　一番大きい子で4年生です。

（野沢）　今の小学生の子どもたちのお父さん、お母さんというのは若いですよね。

（伊東）　そうですね。若いですね。

（野沢）　日本生まれではなく、何歳かになって、同じような時期に日本に来た人たちですか。それとも、もっと後ですか。

（伊東）　いや、それぞれ違いますね。難民ではなく呼び寄せで来たとか、あと、自分が大人になってからカンボジアに行って結婚して、日本に連れてきたので、日本に来ているという家族もいます。

（野沢）　ああ、次の世代ですね。

（長谷部）　親が難民の世代なのですよね。お父さんが難民で、そのお父さんたちが後から日本に呼んだ自分の子どもたちが、もう20〜30歳で親の世代になっていて、さらにお嫁さんをカンボジアから連れてくるというような場合があります。いわゆる連鎖移民ですね。呼び寄せ、呼び寄せで来るようになっている子たちが、カンボジアのコミュニティを作ってきて、その中にまた新しく生まれてきた子たちが小学生ぐらいになっているという感じですね。

（野沢）　そういうことなのですね。親の世代はカンボジア生まれで、カンボジアの言葉、文化を知っているが、子どもは日本生まれで、直接はあまり知らない。

（伊東）　そうですね。

(野沢) 日本になじんでいるわけですね。練習はどれくらいの頻度ですか。週に1回くらいですか。

(伊東) 週1回、金曜日の夜、18時半から行っています。私は仕事が終わってからすぐそこに行きます。練習時間を長くしても、子どもはあくびしながら「あー」みたいな感じになってしまうだけなので(笑)。

(野沢) そうですか。じゃあ、その踊りの教室を最近始めて、永年お子さんに教えたりして守ってきた技を少しずつ広げていっているということですね。

　日本で生まれ育ったご自身の子どもたちの豊かな教育環境を経験する過程で、その機会を奪われてきた伊東さんは、ご自身の教育キャリアとの大きなギャップを痛感するようになった。それを「焼きもちみたい」と表現している。子育てとの両立を意識しながらも、日本での教育機会を積極的に求め、学びへの渇望を現実の学びへとつなげてきた努力に強く印象づけられる。自ら教育を求め、その入り口をこじ開けてきた。夜間中学、そして定時制高校で学び、さらに通信教育で保育士の資格を目指した。一方、保育の現場で働き続けている現在の伊東さんは、社会制度や職場環境の変化に直面し、曲がり角に立たされている。伊東さんの生活史は、意図せずして日本で暮らすことになった人たちの人生の道筋を支援する仕組みが日本社会には欠如していることを浮き彫りにする。これからの日本社会に何が必要かを考える上で重要な示唆を含んでいる。

あとがき

　今年度から「学長プロジェクト」という位置づけに変わり、通称「内なる国際化プロジェクト」は大きな曲がり角を迎えました。教養教育センターと社会学部の共同という枠を超え、新たな展開を目指す段階に入ったのです。本プロジェクトの1年間の成果をまとめた本書、通称『ブックレット』の4冊目を刊行できたことを喜ばしく思います。

　本プロジェクトが手探りでスタートした頃には想像もしていないことでしたが、松原学長から副学長として本プロジェクト担当を指示された私は、全学的な立場からもこの1年のプロジェクト活動に関わることになりました。そして、今年度から新たに文学部、国際学部、心理学部からも本プロジェクトの運営委員会に参加いただいたことを大変嬉しく思います。その結果、これまで社会学部生向けにのみ提供してきた「多文化共生ファシリテーター／サポーター」認証のための授業科目群を、上記学部の学生（心理学部は教育発達学科生のみ）向けにも提供できるよう準備を進めています。本プロジェクトが目指す学びの機会が本学内に拡大しつつあります。

　社会学部生が上記の認証を目指して学ぶために用意した科目群は、2018年度から一般財団法人柳井正財団による「寄付講座」として開講しています。これまでも、「多文化共生ファシリテーター」認証を目指す際の必須科目「ボランティア実践指導」の中に組み込まれていた「難民等外国につながる小中高生のための学習支援教室」の運営は、社会福祉法人さぽうと21および柳井正財団との協力関係の下に展開されてきました。明治学院大学は、どちらの団体とも正式な協定を結び、その協力関係がますます確固たるものになっています。この場を借りて、本プロジェクトの発展の過程で大きなご支援とご協力をいただいているこの2つの団体に深い感謝の意を表します。

　日本社会の「内なる国際化」は、ますます多面的に展開しています。私たちが学び、実践すべきことの範囲はつねに拡大しています。本書がその理解のための、もう一つの足がかりとなることを心より祈っています。

明治学院大学　副学長／社会学部教授　野沢 慎司

2018年度　プロジェクトメンバー

浅川達人（社会学部社会学科）プロジェクト白金事務局
石原英樹（社会学部社会学科）
猪瀬浩平（教養教育センター）
大瀧敦子（社会学部社会福祉学科）プロジェクト白金事務局
亀ヶ谷純一（教養教育センター）
北川清一（社会学部社会福祉学科）
黒川貞生（教養教育センター）
渋谷恵（心理学部教育発達学科）
高倉誠一（社会学部社会福祉学科）
高桑光徳（教養教育センター）プロジェクト横浜事務局
鄭栄桓（教養教育センター）
柘植あづみ（社会学部社会学科）
戸谷浩（国際学部国際学科）
永野茂洋（教養教育センター）プロジェクト代表
野沢慎司（社会学部社会学科）プロジェクト代表
長谷部美佳（教養教育センター）
平野幸子（社会学部付属研究所 相談・研究部門）
福山勝也（教養教育センター）
三角明子（教養教育センター）
三輪清子（社会学部社会福祉学科）
元森絵里子（社会学部社会学科）
安井大輔（社会学部社会学科）
湯沢英彦（文学部フランス文学科）

執筆者一覧

永野茂洋（明治学院大学教養教育センター教授）
浅川達人（明治学院大学社会学部教授）
長谷部美佳（明治学院大学教養教育センター准教授）
関本保孝（元夜間中学教員・えんぴつの会及びピナット学習支援
　　　　　ボランティア・基礎教育保障学会）
原　千代子（社会福祉法人青丘社事務局次長　多文化事業推進担当）
伊東クリスナ（夜間中学卒業生）
野沢慎司（明治学院大学社会学部教授）

明治学院大学 教養教育センター　ブックレット4
多様な人の学びの保障
　―「内なる国際化」に対応した人材の育成―

2019年3月31日初版第1刷発行　　　　　　　　　　Ⓒ 2019

編　者　明治学院大学
　　　　「『内なる国際化』に対応した人材の育成」プロジェクト

発行者　松山　献

発行所　合同会社　かんよう出版
　　　　〒550-0002 大阪市西区江戸堀2-1-1 江戸堀センタービル9階
　　　　電話 06-6556-7651　　FAX 06-7632-3039
　　　　http://kanyoushuppan.com　　info@kanyoushuppan.com

印刷・製本　有限会社 オフィス泰

ISBN978-4-906902-98-9　C0036　　　Printed in Japan